东北亚研究丛书

东北亚区域
能源安全与能源合作

THE ENERGY SECURITY
AND ENERGY COOPERATION
IN NORTHEAST ASIA

李天籽　李　霞　著

社会科学文献出版社
SOCIAL SCIENCES ACADEMIC PRESS (CHINA)

　　本书得到教育部哲学社会科学研究重大课题攻关项目"中国图们江区域合作开发战略研究"（项目批准号：12JZD050）、吉林大学项目"俄罗斯东部地区开发开放及中俄区域合作研究"和国家自然科学基金项目"跨境次区域经济合作对我国沿边产业空间分布的影响机制研究"（41201109）的资助。

摘　要

东北亚区域的能源资源分布很不均衡，一方面，俄罗斯作为世界能源大国在远东地区拥有丰富的能源资源，蒙古国能源资源也比较丰富；另一方面，东北亚地区经济的迅猛发展使日、韩等能源输入国的能源需求量和进口量急剧增加，中国的能源安全形势也日益严峻。总体来说，东北亚区域能源进口依存度高，能源引起的环境保护问题日益突出。东北亚区域内各国必须依靠地缘优势和日益紧密的经济联系，通过协商和协议进行能源合作，以保障各国的能源安全和共同利益。目前，东北亚地区还没有形成统一的能源合作体系。这种局面给东北亚能源市场的稳定带来危险，并将极大地影响能源需求国的能源安全。因此，在东北亚地区开展能源合作，各国之间建立一种协调机制，避免恶性竞争，确保国际能源市场的稳定性，保证东北亚各国的能源安全，是各国面临的共同课题。虽然目前东北亚区域能源合作受各种因素的影响，进展较为缓慢，但合作前景非常广阔，东北亚区域能源合作可以在许多重点领域展开。在参与东北亚区域能源合作中，我国应该建立一种整体的、相互协调的观点，充分了解各国在合作中各不相同的利益，寻找各方利益共同点，化解矛盾冲突，处理好同东北亚各国的关系。

本书在系统分析全球能源资源的供求状况、世界能源秩序和全球与区域能源合作演变动向的基础上，研究俄罗斯远东地区、蒙古国等东北亚能源供给国能源资源蕴藏与开发前景、资源开发政策、法律法规和最新变化，日本、韩国等东北亚能源输入国的能源需求形势、能源贸易、能源战略、能源外交、节能和新能源利用等政策，以及中国的能源安全发展形势，跟踪分析东北亚区域国家相互竞争态势、双边和多边能源项目合作的进展情况，并探讨新形势下东北亚区域能源合作面临的各种有利条件、机遇及阻碍因素，提出开展全方位能源合作的有效途径和我国应采取的对策。

本书是教育部哲学社会科学研究重大课题攻关项目"中国图们江区域合作开发战略研究"（项目批准号：12JZD050）、国家自然科学基金项目"跨境次区域经济合作对我国沿边产业空间分布的影响机制研究：以长吉图开发开放先导区为例"（41201109）、吉林大学项目"俄罗斯东部地区开发开放及中俄区域合作研究"的成果之一。

Abstract

The distribution of Northeast Asia's energy resources is uneven. On the one hand, Russia as a world energy power has abundant energy resources in the Far East, and Mongolia is rich in energy resources; on the other hand, the rapid economic development in Northeast Asia makes the sharp increase in energy demand and imports, especially for Japan and Republic of Korea and other energy – import countries, and China's energy security situation is increasingly grim. Overall, Northeast Asia has high dependence on energy imports and increasingly prominent environmental issues caused by energy. Northeast Asian countries must take energy cooperation using the geographical advantage and the increasingly close economic ties through consultation and agreement, in order to protect each country's energy security and common interests. Currently, the Northeast Asian has not yet formed a unified system for energy cooperation. This situation will jeopardize the stabilization of Northeast Asia energy markets, and greatly affect the country's energy. Therefore, the establishment of energy cooperation and coordinating mechanism in Northeast Asia can avoid vicious competition and ensure the stability of the international energy market and energy security, which is a common task faced by all countries. Although affected by various factors, energy cooperation process in

Northeast is slow, the cooperation has very broad prospects; energy cooperation in Northeast Asia can be expanded in a number of key areas. In participating the energy cooperation in Northeast Asia, China should establish a holistic, coordinated view to fully understand different countries to cooperate in the interests of all parties to find common interests, resolve conflicts, and deal with the Northeast Asian countries' relationship.

Based on the systematic analysis of global energy supply and demand, energy – based world order and global and regional trends in the evolution of energy cooperation, this book accurately grasps the energy resource endowments and development prospects and resource development policies, laws, regulations and new trends in energy demand situation in Russian Far East, Mongolia and other countries, and the energy input, energy trade, energy strategy, energy diplomacy, energy conservation and new energy policies in Japan, Republic of Korea and other countries in Northeast Asia , as well as developments in China's energy security; this book also tracks and analyzes the national competition and the progress of bilateral and multilateral cooperation in energy projects in Northeast Asia; and explores various favorable conditions , opportunities and impediments under the new situation in Northeast Asia's energy cooperation; proposes the effective way to carry out a full range of energy cooperation and China' countermeasures.

This book is one achievement of the key projects of philosophy and social science research sponsored by the Ministry of Education, "China Tumen River Area Development Strategy of cooperation" (Project Grant No. 12JZD050), the National Natural Science Foundation project "Cross – border and Sub – regional Economic Cooperation of

China's Border Spatial Distribution Industry the Effects of Mechanisms:
to Changjitu Development Pilot Zone" （41201109）, Jilin University
project " Development and Opening up of Russia and Eastern Russia
Regional Cooperation Studies " .

目　录

CONTENTS

第一章

推动东北亚能源合作的必要性与相关研究

第一节 引言

能源是人类赖以生存和进行生产的重要物质基础。首先，能源影响着国家经济安全。能源作为重要的生产要素是国民经济正常运转的基本物质条件，特别是在一国对国际能源市场高度依赖的情况下，全球能源市场的变动会给经济带来巨大冲击。其次，能源影响社会稳定。由于现代社会对能源特别是石油的高度依赖性，稳定的能源供应已经成为各国经济发展、社会稳定和国家安全的基本保障条件之一。能源紧缺会直接导致国内物价上涨、失业率上升、人们生活水平下降，进而引发民众的不满和社会动荡。再次，能源影响国际关系，能源是影响各国能源政策和能源外交的重要因素，保证能源安全是各国外交的重要目标之一。最后，能源影响可持续发展。由于能源资源的过度开采，自然环境和生态平衡遭到不同程度的破坏，同时，能源使用过程中引起的环境污染日益严重，全球环境面临巨大的威胁，世界各国特别是发展中国家的可持续发展受到影响。这个问题越来越引起世界各国的重视，能源的合理开发和有效使用已经成为各国实现可持续发展的重要课题。

第二节　推动东北亚能源合作相关研究的必要性和重要性

参与和推动东北亚能源合作有利于我国实现能源多元化战略，对确保我国的能源安全具有重大的战略意义。由于受多重因素的制约，东北亚能源合作进展缓慢，而国际形势的变化、东北亚区域内各国能源发展战略的调整为东北亚能源合作提供了新的契机，未来东北亚能源合作的规模将进一步扩大。因此，本书的研究具有重大意义。

首先，能够为我国政府制定和实施能源安全战略、开展能源外交、发展与东北亚各国的能源合作提供政策建议。随着经济高速发展和能源需求快速增长，我国的能源安全形势越来越严峻。如何保障油、气等能源资源进口量的稳定供应，是我国必须重视和努力解决的一个重大现实问题。而开展与俄罗斯等东北亚国家的能源合作则是解决上述问题的关键性措施。

其次，能够为我国参与东北亚能源资源产区的能源开发提供借鉴。本书对近年来我国参与俄罗斯和蒙古国等能源资源开发的经验、存在的问题进行深入的总结，并且对东北亚区域内政治与政策动向、地区局势及其他影响资源开发的问题展开系统分析，以便为我国在东北亚的资源开发活动提供借鉴。

再次，能够为我国加强与日韩等东北亚能源需求国合作提供参考。加强与能源需求国之间的合作也是保证我国能源安全的重要手段。东北亚区域内的日本和韩国有很多经验可供我们借鉴，本书的研究可以为促进我国与东北亚其他能源资源进口大国之间的合作提供参考。

最后，深化能源经济学等学科领域相关问题的研究，推动与能源资源有关的理论创新。能源问题既是一个重要的经济学问题，同时也是近年来西方各国地缘战略与外交活动关注的焦点性问题，很多国家的安全与地缘战略都高度重视能源问题，并且能源外交已经成为各国外交政策的核心内容之一。本书的研究可以有力地推动有关上述问题的理论创新，丰富能源经济学、国际经济学、地缘战略学等理论体系。

第三节　能源安全与东北亚能源合作的相关研究

一　国外相关研究

自 20 世纪的两次石油危机以来，能源问题一直是能源经济、国际经济、地缘政治、大国外交等领域的热点问题。西方学者与研究机构发表了大量的学术论文、专著和研究报告。有关研究成果主要讨论了以下几个方面的问题。

（一）关于全球能源供求形势的研究

在这方面的研究成果中，最受人们关注的是由国际能源组织、亚太能源研究中心、美国能源信息署发表的年度报告。其中，国际能源组织每年发表的《世界能源展望》研究报告，内容最为翔实。该报告一般每年都对全球及主要经济体的能源需求及增长趋势、全球油气资源主要产储国的油气资源生产能力及发展动向、全球油气资源的价格走向等展开中长期预测。《世界能源展望》每年的主题内容都是被世界各国所关注的重要能源问题，例如《世界能源展望（2007）》的副标题就是"洞察中国、印度"，报告对中印两国的能源供求形势、能源结构、能源基础设施建设、能源政策等都做了较为深入和细致的分析。

（二）关于能源与国际秩序、地缘政治格局相互关系的研究

乔克里的《能源相互依赖的国际政治》、诺雷的《残酷的权力：

政治与石油市场》和《20世纪80年代的石油政治——国际合作模式》、卡尔松的《石油与世界秩序：美国海外石油政策》、尤金的《石油世纪》、十市勉的《21世纪的能源地缘政治》、中堂幸政的《石油与战争》等都是这方面研究的代表性著作。此外，西方学者和研究机构还发表了大量的学术论文和研究报告。例如，2000年美国战略和国际问题研究中心发表的《进入21世纪的能源地缘政治》，就是一篇影响力巨大的研究报告，该报告重点讨论了地缘政治与能源供给之间的相互影响，认为地缘政治对能源供给的影响主要包括主要能源生产国国内局势的持续动荡不安、全球化与非政府组织的影响与日俱增、冲突与权力政治四个方面。而能源对地缘政治的影响主要源于能源需求不定、能源供给波动、亚洲能源竞争、能源与地区一体化、能源与环保问题五个方面。

（三）关于全球能源资源重点地区，特别是中东地区局势与能源供给的研究

由于中东地区既是世界上最主要的油气资源产储区，也是国际关系和地缘政治最复杂的地区，因此包括前文所述的有关油气资源问题的代表性文献，基本上都以中东油气资源、地区局势等为重点内容。不仅如此，西方学者和研究机构还发表了大量专门研究中东地区局势与能源的著作、论文和研究报告。利伯的《石油与中东战争》、法里德的《石油与阿拉伯海湾安全》、阿里的《石油与权力：中东的政治动向》、石井吉德的《石油最终争夺战》等都是代表性的著作。上述著作的一个核心观点，就是认为中东地区局势的演变、国际纷争与战争、世界大国在中东地区的渗透与相互斗争，都与油气资源划分与争夺、世界石油秩序控制密切相关，并且世界大国在中东地区的势力渗透、控制权争夺以及对中东国家事务的干预又进一步恶化了中东局势，加深了全球石油供给的脆弱性。

（四）关于世界石油市场运行与 OPEC 影响的研究

OPEC 建立以后，国际石油市场的组织结构发生了重要变化，即世界主要石油出口国建立起了一个国际卡特尔组织。在 OPEC 成立以后，国际石油市场如何运行、国际油价如何确定、OPEC 对国际油价和国际石油市场的影响等问题，也是西方学者和研究机构普遍关注的问题。丹尼尔森的《OPEC 革命》、查拉比的《欧佩克与国际石油工业》、甘利重治等的《石油价格是如何决定的》、森山山雄的《最新石油交易》、藤和彦的《阅读石油》等都是代表性著作。截至目前的研究都认为，OPEC 对短期油价波动具有明显的影响；但从长期来看，OPEC 对油价和石油市场运行的控制能力非常弱。

（五）关于中、日、韩等主要油气资源进口国能源安全战略、能源政策、能源外交的研究

这方面的研究成果非常多，除了中国、日本、韩国之外还涵盖了美国、欧盟、印度等全球主要经济体和油气资源进口大国，这方面的研究文献不胜枚举。近年来，研究中国能源形势、能源安全政策、能源外交的文献越来越多，其中很多都在宣扬中国"能源威胁论""亚洲能源竞争""中美能源战争"等论调。例如，巴斯特罗曾多次撰文宣扬中国对日本、韩国能源安全的冲击。日高义树发表的《美中石油战争已经打响》的研究报告，着力渲染了中美围绕石油问题的斗争。美国参议院 2005 年发表的研究报告——《在东北亚地区正在激化的能源竞争与能源安全：美国的政策课题》，系统分析了中、日、韩能源安全形势以及三国的海外能源开发竞争，并且探讨了美国对中国进行能源遏制的措施。

（六）关于东北亚区域能源合作的研究

相关著作有英国 Keun‒Wook Paik 的《东北亚的天然气与石油：

政策、项目和前景》，书中对中国、俄罗斯、日本和韩国的油气发展背景、战略和政策做了较为详尽的分析。国外还发表了一些有代表性的文章，如能源宪章秘书长 Kemper 博士在《能源宪章在东北亚能源投资和运输中的作用》一文中提出了东北亚的能源合作需要借鉴能源宪章的经验；俄罗斯的马林科夫在《为亚太地区利用西伯利亚及远东天然气资源而建立跨国天然气供应系统问题研究》中讨论了亚太国家包括东北亚地区与俄罗斯的天然气合作问题；日本的 Kensuke Kanekiyo 博士强调了政府在东北亚能源合作和发展中的积极作用；日本的 Vladimir I. Ivanov 博士提出了东北亚能源合作的安全性问题。另外还有由日本发起的"东北亚天然气和管道国际大会"，每届都会召集俄、中、日、韩、蒙等国家的专家和代表以论坛的形式专门讨论东北亚的天然气合作和管道建设。

二 国内相关研究

自 1993 年我国成为石油净进口国以来，能源安全日渐成为我国学术界的热点问题之一。有关研究主要从我国的能源安全战略、全球与地区能源地缘政治、我国与全球油气资源重点区域合作以及东北亚区域能源合作四个方面展开。

（一）关于我国能源形势与我国能源安全战略的研究

这方面的研究从内容来看，主要包括我国的能源供求形势、石油安全、能源结构、体制改革与技术创新、节能与环境保护等广泛的国家能源问题，以及确保国家能源安全的政治、经济、外交、军事战略和策略等问题。这方面的代表性成果包括：中国科学院国情分析研究小组编写的《两种资源两个市场》、罗强和王成善所著的《中国的能源问题与可持续发展》、余际从和雷涯邻所编著的《经济全球化与国家油气安全战略》、宋明江和夏义善等主编的《国际能源形势和中国能源战略》、查道炯所著的《中国石油安全的国际政治经济学分析》、吴磊所著的《中国石油安全》、钱学文等所著的《中东、里海油气与中国能源安全战略》等。

（二）关于全球与地区能源地缘政治的研究

这方面的研究主要探讨了国际能源形势，能源与经济、军事、政治的关系，能源外交，大国的能源安全战略等方面的问题。其中代表性著作包括：徐小杰所著的《新世纪的油气地缘政治》、安尼瓦尔·阿木提主编的《石油与国家安全》、冯跃威所著的《石油博弈》、刘月琴所著的《冷战后海湾地区国际关系》、王鸣野所著的《美国的欧亚战略与中南亚五国》、王能全所著的《石油与当代世界政治经济》、王铁铮等所著的《动荡的中东》、中国现代国际关系研究院经济安全研究中心所编的《全球能源大棋局》、王丰等所著的《石油资源战》、江红所著的《为石油而战：美国石油霸权的历史透视》等。其中，徐小杰的《新世纪的油气地缘政治》具有一定的代表性，该著作对能源地缘政治学，特别是对中东、中亚和俄罗斯的能源地缘政治的分析，对于我国制定对外能源安全战略和政策，具有重要参考价值。

（三）关于我国与俄罗斯油气资源重点区域合作的研究

这方面的研究所涉及的内容非常广泛，代表性研究成果包括薛君度和陆南泉主编的《俄罗斯西伯利亚与远东——国际政治经济关系的发展》、宋魁主编的《中俄油气合作现状、前景和影响》、郑羽和庞昌伟所著的《俄罗斯能源外交与中俄油气合作》等。李国玉（2001）提出了"俄罗斯丰富的油气资源量和能源外交是实现其长远计划的重要支柱"的观点。朱显平在《中俄能源合作及对东北亚区域经济的影响》一文中分析了中俄能源合作的现状，并认为能源合作可以作为推进东北亚区域一体化的突破口。

（四）关于东北亚区域能源合作的研究

胡见义撰写的《东北亚天然气资源及其发展趋势》以及徐树宝、孙永祥撰写的《东北亚地区油气资源潜力及其需求》等，通过分析东北亚地区油气资源潜力及需求状况，提出了中国必须加强与东北亚的区域能源合作、开拓东北亚统一油气供需市场的观点。夏义善从能源外交的角度总结了东北亚能源合作的特点及产生的国际影响，提出中国的能源发展战略。徐梅（2004）、韩立华（2005）认为，未来推动东北亚多边能源合作的有效路径应包括：积极协调能源政策、拓展东北亚国家的共同利益、成立东北亚能源合作组织以共同解决东北亚能源安全问题。朱业宏、舒先林在《中日海外油气博弈：冲突或合作》中阐述了中日之间要摒弃传统的对抗和排他性的竞争，通过竞争下的合作实现各自能源安全的"双赢"局面。吴昊（2009）对中日韩能源安全战略内容、矛盾点进行了深入分析，认为三国互视彼此为能源安全竞争对手不仅无助于解决各自的能源安全问题，而且会制约相互间互信关系的确立和区域经济合作取得的实质性进展。以上的著作和论文大都是在对东北亚各国能源状况进行研究的基础上，从能源外交和政策的角度对东北亚能源合作进行分析，并对东北亚各国的能源发展战略以及区域内双边和多边能源合作提出了建议。

三　未来研究的方向

首先，目前关于东北亚区域能源安全的研究大多比较分散和单一，缺乏系统研究。要在把握整体国际能源形势及发展的基础上，准确判断东北亚区域内各国能源安全形势，深入研究东北亚区域内各国在能源领域的利益、矛盾和政策导向，对目前双边和多边能源合作的态势进行分析，对未来东北亚能源合作的前景与中国的对策提出建议。

其次，东北亚区域能源合作虽然潜力巨大，但合作水平和层次较低，进展相对缓慢，因此在对相关问题进行深入研究的基础上，运用经济、政治等相关理论，提出促进东北亚区域能源合作的战略创新点和新思路。

再次，将宏观战略分析和具体微观操作相结合，研究我国在东北亚区域能源合作中应采取的对策，提出相对完整的和富于操作性的中国参与东北亚区域能源合作的政策建议。

最后，对东北亚能源安全和能源合作的研究要采用跨学科综合方法，极大地拓展该问题的研究视野，克服经济学者仅仅将能源问题视为经济问题，国际政治学者主要将其归结为地缘政治问题，外交学学者主要分析能源外交策略等研究局限性，不仅使研究的理论支撑更坚实，而且对深化能源经济学、地缘战略学、外交学等方面的研究也具有重要意义。

第二章

能源安全与能源合作

21世纪，能源资源成为世界经济发展的一个制约性因素。能源是人类赖以生存和进行生产的重要物质基础，与世界各国的经济发展、社会稳定等息息相关，能源安全日益成为各国关注的焦点。在经济全球化背景下，能源配置国际化趋势增强，各国在能源领域中的相互依赖程度有所增加。任何一个国家，都需要通过全球和区域范围内的能源合作来保障能源安全。与全球范围内的能源合作相比，各国更容易在区域范围内实现能源生产、运输和消费方面的合作，并承担相互责任，确保区域能源市场平衡。区域合作对于保障能源安全具有不可替代的优势和作用。

第一节　经济全球化背景下的能源安全

一　能源安全概念与内涵

能源安全是在20世纪70年代第一次石油危机之后提出的。第一次石油危机以后，以美国为首的西方国家提出了保证石油安全的目标，并制定了相应的能源安全战略。1974年，国际能源署提出了以稳定石油供应和价格为中心的能源安全概念，能源供应安全成为西方国家能源政策的核心。[①] 经过近 50 年的发展，能源安全概念逐渐得到扩展和深化。目前能源安全主要包括以下几个方面。一是能源供应安全。对于能源消费国和进口国来说，争取以合理价格获得充足可靠的能源供应，并通过多元化来保障能源供应的稳定。二是能源需求安全。对于能源生产国和输出国来说，争取有充足的市场和客户保证，确保未来投资的正当合理性并保护国家收入。三是能源运输安全。对于能源过境运输国来说，主要关注运输安全，长期维持经本国领土将能源出口国的能源输往消费国，并获得最大利润；对于能源进口国来说，要保证能源进口线路的安全。四是能源环境安全。争取控制和降低能源生产和消费过程中所造成的对环境的影响，对能源生产国和需求国的能源安全至关重要。新的环境约束将不可避免地减少能源供应可选择的范围，不处理好环境问题就有可能使得某一能源失去应有的作用。总体来说，保障能源安全应该是全方位的，考虑到能源领域的各个主要环节的安全，各个国家往往采取经济、政治、外交各种手段，甚至通过武力来保障本国的能源安全。

一个国家的能源安全保障，与国内经济发展、能源使用成本、多元化程度、对环境的影响等相关。一国能源供应要能满足本国经济增长的需要，能源的使用成本要足够低，对国际市场的依赖保持在适当的程度，要努力实现供需多元化，并减少对环境的污染。

---

① 一般认为，能源安全是个现代词语，两次石油危机后才逐渐为国际社会所接受。1974 年，主要发达国家成立了国际能源署（IEA），正式提出了以稳定原油供应和价格为中心的能源安全概念。20 世纪 70 年代到 80 年代中期，能源供应安全问题成为西方国家能源政策的核心，各国纷纷采取措施完善的供应保障体系，其突出标志是在经合组织范围内建立了以战略石油储备为核心的应急反应机制。引自赵宏《国际能源安全形势的新特点》，《现代国际关系》2005 年第 7 期，第 1~6 页。

二　经济全球化对能源安全的影响

经济全球化是 21 世纪世界经济发展最根本和最显著的特征，经济全球化趋势也对能源安全产生了影响。经济全球化的主要表现是各种生产要素，如资本、劳动力、技术、信息、资源等在全球范围内的自由流动，从而实现生产要素的有效配置。在全球金融、投资、贸易市场一体化逐渐形成、跨国公司投资不断增加、信息交流日趋快捷和方便、生产活动不断扩大的过程中，能源在全球范围内的自由流动和配置在加速发展，这给各国的能源开发利用带来较大的影响。

能源配置国际化的趋势主要表现在国际能源贸易规模的扩大，世界能源的投资开发与能源型产品的生产日益国际化，能源企业跨国经营和市场调节机制多元化。能源配置国际化给各国既带来了利益，也带来了风险。

一方面，随着国际能源贸易的进一步扩大，能源短缺国家能够通过能源进口满足国内经济的快速发展，减轻社会经济发展给能源短缺国家带来的巨大压力，避免能源匮乏对社会经济可持续发展产生的现实威胁。能源出口国能够通过开发和出口国内能源，增加本国国民收入。世界能源贸易的增加使国际能源市场进一步发展，也使各国经济的联系进一步加深，能源生产国和消费国的利益更加紧密，世界经济进一步融合。

另一方面，能源配置国际化也带来了风险。第一，国际能源市场变幻莫测，存在一定风险。能源问题不仅仅是经济问题，同时也带有政治和军事色彩。能源安全不仅与国内供求矛盾及其对外依存度相联系，同时还与该国对世界资源丰富地区的外交和军事影响力相联系。对能源短缺国家而言，国家能源安全系数与国家对世界事务的外交和军事影响力相关。自 2010 年开始，中东、北非的反政府运动日益活跃。突尼斯青年抗议政府的自焚事件，引发了以不满失业的年轻人为中心的罢工和示威，并迅速蔓延到周边国家，导致了突尼斯、埃及政府的垮台。石油储量世界排名第八位的利比亚，由于内战而停止了对欧洲国家的原油出口，造成了布伦特原油价格的上升，WTI 原油价格和迪拜原油价格也随之上升。各国都认识到，虽然中东和北非地区拥有大量石油，但政治经济形势极不稳定，存在着中止原油供应的重大风险。① 第二，能源竞争日趋激烈。在 1960 年 OPEC 成立之前，为确保本国石油和天然气资源效益的最大化，中东、非洲和拉丁美洲各能源资源拥有国开始成立国营石油公司。进入 21 世纪后，获取资源的竞争日趋激烈，不仅是能源资源供给国，能源资源需求国也积极加强对资源的保护，发展国营石油公司，这些公司结合政府的资源和外交政策，与国家一起努力保障本国能源资源的安全。② 能源配置的国际化加剧了国际能源产业的竞争，发达国家具有大量的国际资本，国际竞争力很强，发展中国家的能源产业在竞争中处于不利地位。

---

① 目前，在 OPEC 主要成员国中发生骚乱的国家已涉及伊朗、利比亚和阿尔及利亚。其中伊朗是 OPEC 第二大石油产能国，利比亚是非洲第三大产油国，原油日出口量分别为 355.7 万桶和 147.4 万桶，伊朗和利比亚局势的演进及其向中东其他国家的扩散进展，是影响国际原油价格上涨最大的风险点。引自信达证券宏观分析师《地缘政治与石油》，《投资者报》2011 年 2 月 28 日第 A14 版。

② 世界第一次资源国有化浪潮起源于 20 世纪 30～40 年代，墨西哥、阿根廷以及委内瑞拉国有化运动的发生使世界石油国有化运动从拉丁美洲地区拉开了序幕，并迅速在整个拉丁美洲地区及中东地区蔓延。拉美地区的墨西哥、委内瑞拉、阿根廷、厄瓜多尔、特立尼达和多巴哥以及中东地区的伊朗、伊拉克、利比亚、沙特阿拉伯等国纷纷加入石油国有化运动的队伍中，从而在 20 世纪 60～70 年代掀起了世界第一次国有化运动的浪潮。随着石油资源的减少以及 2006 年后油价的不断走高，资源国政府不断要求从原油生产中获得更多的利润。新一轮石油国有化运动在这种背景下由俄罗斯蔓延到了拉美的委内瑞拉、玻利维亚和厄瓜多尔，并迅速扩展到了非洲的乍得。引自薛庆、王震《油价冲击、政治制度与资源国有化决策》，《世界经济与政治》2012 年第 9 期，第 94 页。

第二节　当前国际能源市场发展

全球能源资源分布极度不均衡使能源贸易十分活跃，国际能源市场的变化会直接影响能源进口国的生产成本和能源出口国的财政收入，进而影响各国经济安全和社会稳定，世界各国包括东北亚地区的能源安全离不开国际能源市场。

一　全球能源市场供给形势

（一）全球能源储量形势

从 1980～2010 年的能源资源储量来看，石油、天然气储量呈不断增加的态势。其中，石油储量 1980 年为 6834 亿桶，到 1990 年达到 10275 亿桶，2000 年为 12581 亿桶，2010 年为 16167 亿桶，30 年的年均增长率为 3.6%，2012 年进一步增加到为 16689 亿桶。天然气储量 1980 年为 72 万亿立方米，1990 年为 110 万亿立方米，2000 年为 140 万亿立方米，2010 年达到 177 万亿立方米，年均增长率为 4.4%，2012 年达到 187 万亿立方米（见图 2－1）。另外，目前世界煤炭储量已经达到 8609 亿吨，其中烟煤和无烟煤为 4113 亿吨，次烟煤和褐煤为 4147 亿吨。与石油、天然气相比，煤炭可供开采年数达 119 年，比石油等能源要长。[①]

从目前世界主要能源资源的分布来看，2010 年全球石油已探明可采储量中，中东国家占 54.4%，非洲占 9.5%，欧洲及欧亚大陆总计为 10.1%，南美及美洲大陆为 17.3%，北美占 5.4%，亚太只占 3.3%。2012 年全球石油已探明可采储量中，中东国家占 48.4%，

[①] 本书能源数据除有特殊标注，均来自 *BP Statistical Review of World Energy 2013*。

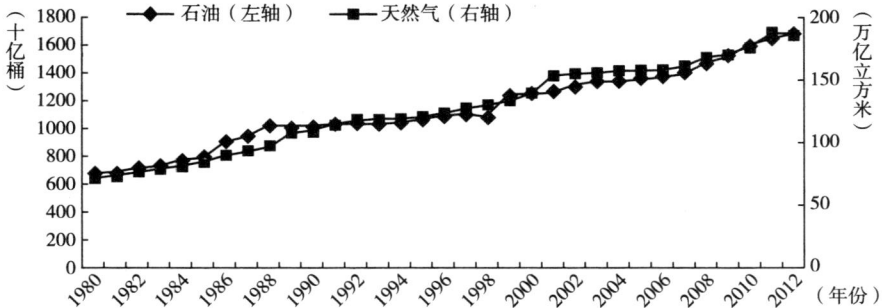

图 2－1　1980～2010 年世界石油、天然气储量

非洲占 7.8%，欧洲及欧亚大陆总计为 8.4%，南美及美洲大陆为 19.7%，北美占 13.2%，亚太只占 2.5%。世界天然气已探明可采储量的 65% 分布在俄罗斯和中东地区；煤炭储量主要分布在美国、俄罗斯、中国和澳大利亚，这四国所占比重将近 70%。可见世界能源资源储量分布并不均衡。2012 年世界石油探明储量增加到 16689 亿桶，变化最大的是北美地区，所占份额上升到 13.2%。其中委内瑞拉石油储量达到 2976 亿桶，超过沙特阿拉伯成为世界石油储量最高的国家。其他地区中，中东国家下降到 48.4%，非洲占 7.8%，欧洲及欧亚大陆总计为 8.4%，南美及美洲大陆上升到 19.7%，亚太占 2.5%。2012 年世界天然气探明储量基本保持不变，其中，伊朗达到 33.6 万亿立方米，排在世界第一位；俄罗斯下降到 32.9 万亿立方米，位列第二（见表 2－1）。

表 2－1　2012 年底石油、天然气和煤炭探明储量前十位的国家

石　油			天然气			煤　炭		
前十位	储量（十亿桶）	所占份额（%）	前十位	储量（万亿立方米）	所占份额（%）	前十位	储量（亿吨）	所占份额（%）
委内瑞拉	297.6	17.8	伊朗	33.6	17.9	美国	2373	27.6
沙特阿拉伯	265.9	15.9	俄罗斯	32.9	17.6	俄罗斯	1570	18.2

15

续表

石 油			天然气			煤 炭		
前十位	储量（十亿桶）	所占份额（%）	前十位	储量（万亿立方米）	所占份额（%）	前十位	储量（亿吨）	所占份额（%）
加拿大	173.9	10.4	卡塔尔	25.1	13.4	中国	1145	13.3
伊朗	157.0	9.4	土库曼斯坦	17.5	9.3	澳大利亚	764	8.9
伊拉克	150.0	9.0	美国	8.5	4.5	印度	606	7.0
科威特	101.5	6.1	沙特阿拉伯	8.2	4.4	德国	407	4.7
阿拉伯联合酋长国	97.8	5.9	阿拉伯联合酋长国	6.1	3.3	乌克兰	338.7	3.9
俄罗斯	87.2	5.2	委内瑞拉	5.6	3.0	哈萨克斯坦	336	3.9
利比亚	48.0	2.9	尼日利亚	5.2	2.8	南非	301.6	3.5
尼日利亚	37.2	2.2	阿尔及利亚	4.5	2.4	印度尼西亚	55.3	0.6
世界总计	1668.9	100.0	世界总计	187.3	100.0	世界总计	8609	100.0

（二）全球能源产量形势

1970～2010 年世界能源产量不断增加，其中石油产量 1970 年为 4806 万桶/天，1980 年增加到 6295 万桶/天，其间石油产量随着两次石油危机有所波动（见图 2－2）。此后，石油产量稳步增加，到 2010 年达到 8210 万桶/天。与石油相比，天然气产量的增长速度更快，1970～2010 年的 40 年时间，天然气产量年均增长 3%，到 2010 年达到 30900 亿立方米。1981～2002 年世界煤炭产量一直在 40 亿～50 亿吨范围内波动，增长幅度并不大，从 2003 年煤炭产量超过 50 亿吨开始，到 2010 年已经达到 73 亿吨，年均增长幅度为 4.6%，这与中国煤炭产量的迅速增加有关。2012 年全球石油、天然气和煤炭产量分别增加到 8615 万桶/天、33630 亿立方米和 79 亿吨。

从目前能源产量分布来看，全球石油产量中 OPEC 所占份额为 43%，非 OPEC 国家的石油产量逐渐增加，2010 年俄罗斯已经成为世界第一大石油生产国，年石油产量超过 1000 万桶/天，所占份额

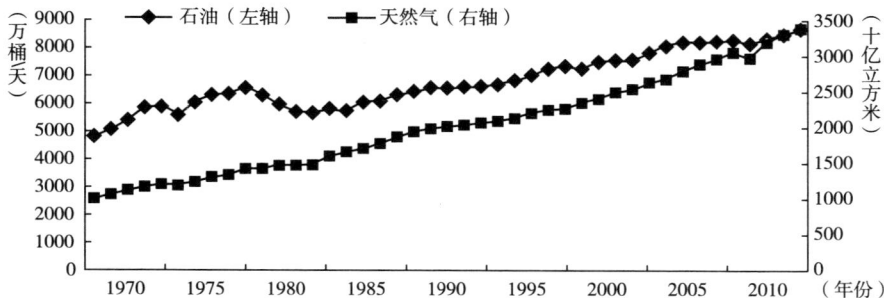

图 2 - 2　1970～2010 年世界石油天然气产量

将近 13% 。2012 年沙特阿拉伯超过俄罗斯成为第一大石油生产国，产量达到 1153 万桶/天。巴西、安哥拉、哈萨克斯坦和阿塞拜疆等新的石油生产国也发展很快。

美国、俄罗斯分别为世界第一大和第二大天然气生产国，两国所占份额将近40%。中东地区的天然气储量占世界的41%，而产量却仅占15%，这是由于输送天然气需要巨大投资，迄今为止中东主要进行的是石油开发投资。从中东到其他消费地区缺乏俄罗斯和西欧之间铺设的输气管道，许多在中东国家生产的天然气或是在中东消费，或是把它液化后作为液化天然气出口。国际能源署《世界能源展望（2011）》预测：天然气将迎来它的黄金时代，需求侧和供应侧都将向好发展。新政策情景中，IEA 认为，未来世界对天然气的需求几乎达到了对煤炭的需求，天然气的全球贸易会翻番。到 2035 年，全球天然气供应量将增长至 1.7 万亿立方米。[1] 为了应对全球天然气消费量的增长，自 20 世纪 90 年代中后期开始，国外大石油公司加大了天然气的勘探开发力度，实现了上游从以石油为主向油气并重的转移。[2] 在液化天然气消费增长的背景下，有许多新项

---

[1]　张起花：《三问世界能源走向》，《中国石油石化》2012 年第 2 期，第 41 页。
[2]　单洪青：《世界石油石化公司经营发展战略的新态势》，《当代石油石化》2006 年第 11 期，第 7 页。

目计划开工。

中国的煤炭生产量居世界第一位，2012 年为 36.50 亿吨，在世界煤炭总产量中占将近一半的份额，其次是美国，煤炭产量为 9.22 亿吨，所占份额达到 11.7%（见表 2-2）。煤炭产量位居世界第一的中国，1990~1996 年，煤炭产量年均递增 4.11%，1996 年升至创纪录的 13.74 亿吨。[①] 1996 年达到顶峰后开始出现减产趋势，原因是中国政府为了确保煤炭供需平衡和稳定煤炭价格，关闭了非法小煤窑和赤字煤矿。2001 年以来，为了满足快速增长的国内消费，中国煤炭生产显著增长。位居世界第二的美国，把煤炭视为仅次于石油的重要能源，燃煤发电约占发电量的 50% 左右。[②] 在原民主德国地区，国产褐煤曾经占一次能源的 70%，1990 年德国统一后，效率低下、影响环境的褐煤产量开始下降。

表 2-2 2012 年石油、天然气和煤炭生产量前十位的国家

石 油			天 然 气			煤 炭		
前十位	产量（十亿桶）	所占份额（%）	前十位	产量（十亿立方米）	所占份额（%）	前十位	产量（亿吨）	所占份额（%）
沙特阿拉伯	1153	13.4	美国	681	20.2	中国	36.50	46.4
俄罗斯	1064	12.4	俄罗斯	592	17.6	美国	9.22	11.7
美国	891	10.3	伊朗	161	4.8	澳大利亚	6.05	7.7
中国	416	4.8	卡塔尔	157	4.7	印度尼西亚	4.31	5.5
加拿大	374	4.3	加拿大	156	4.6	印度	3.86	4.9
伊朗	368	4.3	挪威	115	3.4	俄罗斯	3.55	4.5
阿拉伯联合酋长国	338	3.9	中国	107	3.2	哈萨克斯坦	1.96	2.5

---

① 潘克西、濮津、向涛：《中国煤炭市场集中度研究》，《管理世界》2002 年第 12 期，第 83 页。

② 宋永华、孙静：《美国电煤市场及其对我国的启示》，《电力技术经济》2009 年第 3 期，第 1 页。

石 油			天然气			煤 炭		
前十位	产量（十亿桶）	所占份额（％）	前十位	产量（十亿立方米）	所占份额（％）	前十位	产量（亿吨）	所占份额（％）
科威特	313	3.6	沙特阿拉伯	103	3.0	波兰	1.44	1.8
伊拉克	311	3.6	安哥拉	82	2.4	哥伦比亚	1.16	1.5
墨西哥	291	3.4	印度尼西亚	71	2.1	德国	0.89	1.1
世界总计	8615	100	世界总计	3364	100	世界总计	78.65	100

二 全球能源市场消费形势

世界初级能源消费总量增长很快，1965 年为 37.67 亿吨油当量，1975 年为 57.67 亿吨油当量，1985 年为 71.38 亿吨油当量，1995 年为 85.78 亿吨油当量，2005 年为 108 亿吨油当量，2010 年达到 120 亿吨油当量，近 45 年年均增长率为 4.9%。目前初级能源消费中石油所占份额为 33.6%，天然气占 23.8%，煤炭占 29.6%，核能占 5.5%，水力发电占 6.5%，其他能源占 1.3%。石油、天然气和煤炭消费比重约占 90%，一直是世界消费的主要能源。这三种能源的消费增长速度存在差异。从消费指数变化趋势看，1979 年以前，石油和天然气消费同步增长，二者增长速度一直超过煤炭，1979 年以后，石油和煤炭总体上保持稳定，落后于快速增长的天然气。可见天然气非常具有潜力，它将是未来最重要的一种能源。

欧洲、俄罗斯和其他独联体国家占全世界天然气消费量的 63%，这些地区生产丰富的天然气，天然气管道基础设施完备，能够将天然气以气体的形式大量输送并利用。2000～2008 年，世界天然气消费量一直以年均 2.8% 的速度在增加。2009 年因全球经济衰退曾导致需求一度减少，但近几年消费量再度增加，主要原因是用于发电的天然气消耗越来越大。天然气对环境的影响低于其他化石燃料，以及相关技术的进步，使得天然气作为发电燃料的经济优势日益明显。各国和地区的天然气占一次能源供应总量的百分比，美国为24%，欧洲经合组织成员国为25%，日本为17%。由于本国或周边国家生产丰富的天然气，所以欧洲和美国天然气的利用很广泛。而由于亚洲所有的天然气都是靠液化天然气的形式远距离运输进口，所以天然气在一次能源供应总量中所占的比例相对较低，但在最近几年有所增加，未来液化天然气需求将主要来自亚洲。[①] 图 2-3 是 1966～2010 年石油、天然气和煤炭的消费指数。

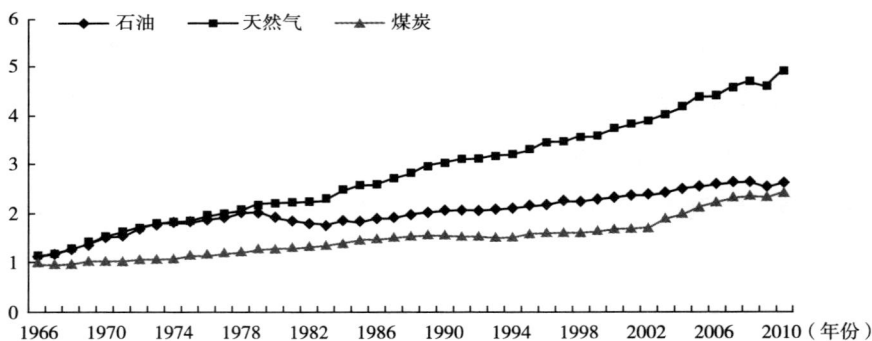

图 2-3　1966～2010 年石油、天然气和煤炭的消费指数

说明：消费指数为各期的消费量除以基期（1970 年）的消费量计算所得。

2012 年世界初级能源消费总量达到 125 亿吨油当量，石油为 41 亿吨油当量，天然气为 30 亿吨油当量，煤炭为 37 亿吨油当量，核能等其他能源为 16 亿吨油当量，各自占初级能源总消费中的比例与 2010 年持平。

在世界初级能源消费分配格局中，OECD 国家能源消费所占比

---

① 薛梅：《液化天然气需求将主要来自亚洲》，2012 年 6 月 29 日，http：//news. cnpc. com. cn/system/2012/06/29/001382290. shtml。

例逐年下降，由 1965 年的 70% 下降到 2010 年的 46.4%。随着中国
等发展中国家经济的快速发展，其能源消费比例逐渐上升，其中中
国能源消费所占比例由 1965 年的 4.8% 增长到 2010 年的 20.3%，印
度所占比例由 1.4% 增长到 4.4%，马来西亚、巴西等国家能源消费
比例也在不断升高。2012 年石油消费量居前三位的是美国、中国和
日本；天然气消费量居前三位的是美国、俄罗斯和伊朗；中国是主
要的煤炭消费国，中国、美国和印度三国消费量占世界总消费量将
近 70%（见表 2-3）。2010 年核能的主要消费国是美国、法国和日
本，2012 年日本核事故导致日本核能利用几乎停滞，俄罗斯成为世
界第三大核能利用国；水电的主要消费国是中国、巴西和加拿大
（见表 2-3）。

表 2-3 2012 年世界主要能源消费国及消费量

石 油			天然气			煤 炭		
前十位	消费量 （万桶/天）	所占份额 （%）	前十位	消费量(十亿 立方米)	所占份额 （%）	前十位	消费量（百万 吨油当量）	所占份额 （%）
美 国	1856	20.7	美 国	722	21.8	中 国	1873	50.2
中 国	1022	11.4	俄 罗 斯	416	12.6	美 国	438	11.7
日 本	471	5.2	伊 朗	156	4.7	印 度	298	8.0
印 度	365	4.1	中 国	144	4.3	日 本	124	3.3
俄 罗 斯	317	3.5	日 本	117	3.5	俄 罗 斯	94	2.5
沙特阿拉伯	294	3.3	沙特阿拉伯	103	3.1	南 非	90	2.4
巴 西	281	3.1	加 拿 大	101	3.0	韩 国	82	2.2
韩 国	246	2.7	墨 西 哥	84	2.5	德 国	79	2.1
加 拿 大	241	2.7	德 国	75	2.3	波 兰	54	1.4
德 国	236	2.6	意 大 利	69	2.1	澳大利亚	49	1.3
世界总计	8977	100	世界总计	3314	100	世界总计	3730	100

核 能			水 电		
前十位	消费量（TWh）	份额（%）	前十位	消费量（TWh）	份额（%）
美 国	810	32.7	中 国	861	23.4
法 国	425	17.2	巴 西	418	11.4
俄 罗 斯	178	7.2	加 拿 大	380	10.3

续表

前十位	消费量（TWh）	份额（%）	前十位	消费量（TWh）	份额（%）
韩　　国	150	6.1	美　　国	279	7.6
德　　国	99	4.0	俄罗斯	167	4.5
中　　国	97	3.9	挪　　威	143	3.9
加拿大	96	3.9	印　　度	116	3.2
乌克兰	90	3.6	日　　本	81	2.2
英　　国	70	2.8	委内瑞拉	82	2.2
瑞　　典	65	2.6	瑞　　典	79	2.2
世界总计	2477	100	世界总计	3673	100

能源消费和全球经济增长之间的关系十分密切。工业革命以后，伴随着工业化的大量能源消耗，世界能源消费量急速增加。此外，1979 年第二次石油危机以及 1997 年亚洲金融危机等严重的经济衰退出现时，能源消费的增长速度随之减缓。经济增长的主要动力是工业生产和收入的不断增加，通常情况下，经济增长促进的生产的活跃和生活水平的提高，会引发更多的能源消耗。在 2008 年由"雷曼兄弟公司破产风暴"引发的全球性经济衰退之后，新兴市场国家最先开始复苏，中国、印度、巴西、俄罗斯（所谓"金砖四国"）的经济增长最为显著，成为新兴市场国家经济增长的原动力。根据国际能源署（IEA）对 2030 年的世界一次能源消费做出的预测，2030 年中国能源消费将约占世界能源消费的 1/4，而 2030 年日本、美国、欧盟在世界能源消费中所占比例将比 2008 年减少 9 个百分点，从 2008 年的 37% 下降到 2030 年的 28%。[①]

能源消费和全球人口增长之间的关系也十分密切。18 世纪，以工业革命为契机，人口的增长节奏加快。进入 20 世纪后尤为明显，世界人口在 1830 年为 10 亿人，1930 年为 20 亿人，1980 年为 44 亿

---

① International Energy Agency，2010，*World Energy Outlook 2010*，www.iea.org.

人，1999 年为 60 亿人，2011 年已经达到 70 亿。[①] 人口增长与能源消费密不可分，可以预见，整个人类的能源消费量在人口增加及文明进步带来的人均能源消费量增加的双重影响下，今后仍将增加。一般认为 21 世纪中叶，全球人口将达到 90 亿以上。[②] 壳牌中国集团主席林浩光指出，如果不改变现行的能源消费方式，21 世纪中叶的全球能源需求预计将多出两倍。[③]

三　全球能源贸易形势

世界石油贸易随着石油消费量的增加一直在稳步增长。石油贸易在能源贸易中占有重要份额，世界石油进口量从 1980 年的 3232 万桶/天增长到 2010 年的 5351 万桶/天，增长了 65.6%。2012 年世界石油进口量进一步增加到 5531 万桶/天。石油进口主要集中在美国、欧洲和日本，三者合计占总进口的 50%，中国和亚太其他国家的进口量也增长很快（见表 2 - 4）。石油出口主要集中在中东（35.6%）、非洲（13.1%）、独联体（15.5%）。从出口目的国来看，中东石油的 10%向美国出口、12%向欧洲出口、74%向亚太地区出口，亚太已成为中东地区的最大市场，亚洲地区对中东石油的依存度，在整个 20 世纪 90 年代始终以大幅度高于欧洲和美国的速度在增加。

表 2 - 4　2012 年世界主要石油贸易国

国　家	进口（千桶/天）		出口（千桶/天）	
	原　油	油　品	原　油	油　品
美　　国	8491	2096	23	2657
加　拿　大	514	211	2437	619

①　潮轮：《人口 70 亿世界压力大》，《生态经济》2012 年第 1 期，第 9 页。
②　联合国：《世界人口展望》，2010。
③　林浩光：《共同应对能源 "不确定区域"》，《中国能源报》2011 年 6 月 13 日。

国　　家	进口（千桶/天）		出口（千桶/天）	
	原　油	油　品	原　油	油　品
墨　西　哥	0	581	1290	76
南　　　美	419	1186	2635	933
欧　　　洲	9512	2976	383	1791
独　联　体	0	114	6049	2548
中　　　东	222	559	17646	2053
北　　　非	186	312	2139	465
西　　　非	0	238	4328	235
东　南　非	285	260	86	15
大　洋　洲	575	379	272	164
中　　　国	5433	1729	26	538
印　　　度	3547	323	0	1349
日　　　本	3739	1004	0	221
新　加　坡	948	2016	12	1479
亚太其他国家	4755	2505	767	1813
无　法　统　计	0	25	0	0
世　界　总　计	38626	16514	38093	16956

说明：无法统计包括转运量有变化、去向不明、无法判断的军用油等，进口不包括地区内部贸易。

世界天然气贸易不断增加，目前天然气贸易量为 7055 亿立方米，LNG 为 3279 亿立方米。最大的天然气进口国和出口国分别是美国和俄罗斯，最大的 LNG 进口国和出口国分别是日本和卡塔尔（见表 2-5）。目前全球天然气产量的 30% 用于出口，天然气贸易量虽然有所增加，但是其比例还是无法和出口量高达 66.2% 的石油相比。

表 2-5　2010 年世界主要天然气和 LNG 贸易国

单位：十亿立方米

天然气进口		天然气出口		LNG 进口		LNG 出口	
美国	83.8	俄罗斯	185.9	日本	118.8	卡塔尔	105.4
德国	86.8	挪威	106.6	韩国	49.7	马来西亚	30.5

续表

天然气进口		天然气出口		LNG 进口		LNG 出口	
意大利	59.7	加拿大	83.8	西班牙	21.4	印度尼西亚	25.0
法国	35.0	荷兰	53.3	法国	10.3	澳大利亚	25.4
俄罗斯	29.8	阿尔及利亚	34.8	美国	4.9	尼日利亚	23.9
英国	35.4	美国	45.1	印度	12.2	特立尼达和多巴哥	20.4
乌克兰	29.8	卡塔尔	19.2	台湾	14.9	阿尔及利亚	19.3
土耳其	34.9	土库曼斯坦	19.7	英国	13.7	俄罗斯	14.8
加拿大	27.5	德国	12.5	中国	20.0	阿曼	11.5
阿拉伯联合酋长国	17.3	乌兹别克斯坦	13.6	比利时	6.4	埃及	9.7

世界煤炭贸易迅速增加。2009 年全球煤炭出口量（不含褐煤）为 9.4 亿吨。最大的出口国澳大利亚占世界出口量的 27.7%，其次是印度尼西亚（24.3%）和俄罗斯（12.3%），其后依次为哥伦比亚、南非、美国。这些国家的煤炭出口量约占全球煤炭出口量的 88%。相对于印度尼西亚出口量的稳步增长，中国则由于国内消费的迅速增加导致供需紧张，出口量从 2003 年排名第 2 位（9400 万吨）降到 2009 年排名第 9 位（2270 万吨）。日本是最大的煤炭进口国，2009 年日本煤炭进口为 1.6 亿吨（占世界煤炭总进口量的 17.8%）；中国进口量为 1.37 亿吨（占比为 14.8%）；韩国为 1.3 亿吨（占比为 11.1%）；印度为 6770 万吨（占比为 7.3%）；台湾地区为 6030 万吨（占比为 6.5%）。2011 年中国煤炭进口达到 1.82 亿吨，超越日本成为全球最大的煤炭进口国。据中国海关总署统计，2011 年中国共进口煤炭 1.824 亿吨，同比增长 10.8%；出口煤炭 1466 万吨，下降 23%；净进口 1.68 亿吨，增长 15.2%。而日本公布的数据显示，2011 年 1~12 月份，日本累计进口煤炭总量为

17522.3 万吨，较上年同期下降 5.1% 。[①]

四　全球能源价格

在世界能源市场日益全球化的趋势下，石油、天然气、煤炭作为基础能源，在世界能源贸易市场中占有重要地位。石油、天然气和煤炭的价格受供求、市场投机和国际政治经济形势等因素的影响处于不断波动和变化之中。同时这三种能源价格的变化给世界能源市场、世界经济政治形势等各方面也带来了冲击。

（一）原油价格

世界石油市场比较成熟，参与方众多。世界原油贸易量占总产量的近 50%，世界主要的石油价格有 OPEC 油价、WTI 油价、布伦特油价、迪拜油价等，这些石油价格总体水平相当，相关系数较高。其中，北美市场的代表性指标原油是纽约商品交易所（New York Mercantile Exchange）上市的 WTI 原油（西德克萨斯中质原油或与其几乎同质的轻质低硫原油）；欧洲的指标原油是美国洲际交易所（欧洲期货交易所）上市的布伦特原油；亚洲市场的指标原油是迪拜原油。目前世界上生产的原油种类达数百种，各国原油进口价格因进口的原油种类及其构成、运费、保险等不同而有所不同。例如，沙特阿拉伯的价格就是在指标原油价格的基础上有所加减（市场联动方式而定），变动值取决于与指标原油的性状差异。20 世纪以来，原油价格总体上呈不断增长的趋势。1973 年发生第一次石油危机时，原油价格由 3 美元/桶增长到 11.65 美元/桶；1979 年第二次石油危机爆发，布伦特油价狂涨到 36.83 美元/桶；[②] 1990 年的海湾危

---

① 胡珺：《我国成全球最大煤炭进口国》，《中国能源报》2012 年 2 月 6 日。
② 汪莉丽、王安建：《世界石油价格历史演变过程及影响因素分析》，《资源与产业》2009 年第 5 期，第 36 页。

机使原油价格突破 40 美元/桶。进入 21 世纪后，原油价格继续保持上升势头；2008 年 1 月，原油价格 100 美元/桶的关口被首次突破。自此，原油价格一路走低，受中东及利比亚动荡局势的影响，世界石油价格在 2009 年跌到 66 美元/桶，石油价格从 2010 年开始回升，之后国际原油价格持续上涨，重新回到 100 美元/桶以上。目前已经涨到接近 112 美元/桶，已经超过 2008 年金融危机前的价格水平（见图 2 - 4）。影响石油价格的因素呈复杂化和多样化特点，除市场供求外，地缘政治军事风险和金融投机均发挥越来越大的作用，加剧了原油价格的波动。①

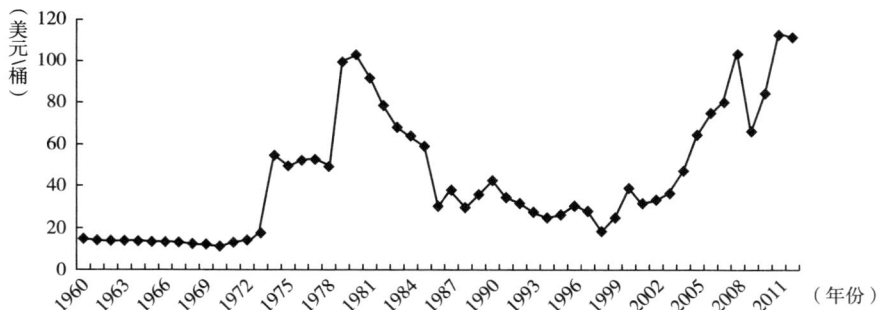

图 2 - 4　1960 ~ 2012 年世界油价波动

说明：1960 ~ 1983 年为阿拉伯轻油价格，1983 ~ 2007 年为布伦特石油价格。实际价格以 2012 年为基数，扣除通货膨胀的影响因素。

将德国、日本、美国、英国、法国五个国家能够得到的所有关于汽油、汽车柴油制品的零售价格（含税，以美元计算的价格，2010年）进行比较，汽油价格水平降序排列依次为德国、法国、英国、日本、美国，汽油零售价格（含税）最高的是德国（1.91 美元/升），最低的是美国（0.73 美元/升），差价达 1.18 美元/升。汽油裸价（不含税）各国没有明显差异。柴油价格水平降序排列依次为英国、德

---

① 解晓燕、缪建营：《国际原油价格主控因素的实证研究》，《价格理论与实践》2011 年第 12 期，第 51 页。

国、日本、法国、美国，汽车柴油零售价格（含税）最高的是英国（1.62 美元/升），最低的是美国（0.80 美元/升），差价为0.82 美元/升。汽车柴油裸价（不含税）与汽油一样，差价幅度小，最多为23美分。煤油的零售价格用裸价来比较的话，各国也没有明显差异。[①]

（二）天然气价格

同石油相比，天然气的供应和需求相对平衡。由于天然气买卖受运输工具——天然气管道的限制，天然气价格具有区域性特征。国际天然气市场被划分成三个区域，即北美、欧洲和亚洲，每个区域价格的形成和变化各具特点。

在以美国为代表的北美地区，基准价格是亨利管网中枢（Henry Hub）价格。美国天然气市场的价格主要参照美国亨利管网中枢天然气的现货和期货价格，价格波动频繁，幅度较大。[②] 亨利管网中枢是美国第一个也是最大的管网中枢，于1988年3月建成，之后在美国出现了50多个管网中枢。[③] 美国天然气贸易主要在大型管网中枢和市场中心进行，因此在输气管道四通八达、管网中枢众多的北美地区，实现了天然气供应的市场竞争和用户的多元化购气选择。2006年美国页岩气成功商业化后，天然气产量激增，美国国内乃至整个北美地区的天然气价格较之前大幅降低。[④] 目前代表性基准价格（Henry Hub 价格）低于欧洲和亚洲地区。

在欧洲地区，英国期货市场的交易指数已成为具有代表性的指

---

① IEA, End – Use Petroleum Product Prices and Average Crude Oil Import Costs, http: // www. iea. org.

② 冯保国：《从 LNG 与管道气的比较看中国天然气市场发展》，《国际石油经济》2011 年第 12 期，第 42～43 页。

③ 李志学、彭飞：《美国天然气价格形成机制及其对我国的启示》，《资源·产业》2005 年第 1 期，第 22 页。

④ 罗佐县：《美国页岩气勘探开发现状及其影响》，《中外能源》2012 年第 1 期，第 26 页。

数。同时欧洲大陆的天然气价格与石油产品，如重油、煤油的价格相联系，共同对天然气价格发挥作用。近年来，受石油价格的影响，天然气价格上涨。同时，类似英国和美国的天然气市场交易正在逐渐形成，这种交易的价格相对低廉，有现货交易等多种灵活的贸易形式，交易量一直在扩大。

在亚洲地区，天然气以液化天然气（LNG）贸易为主。在全球LNG贸易中，日本是最大的进口国，因此日本LNG到岸价格在亚洲乃至世界天然气价格体系中占有重要地位。亚洲地区的天然气交易主要受日本进口原油综合价格指数JCC价格影响。因此，亚洲天然气市场天然气价格受原油价格变化的影响较大，且始终高于北美洲和欧洲地区，是全球天然气价格最高的地区。[1] 这一定价方式已经不符合日本和亚太其他国家的市场现状，但目前尚无供需双方都能接受的其他方式。[2] 图2-5是1984~2012年世界天然气价格。

预计世界天然气市场区域性特点在未来一段时期内仍然会存在，

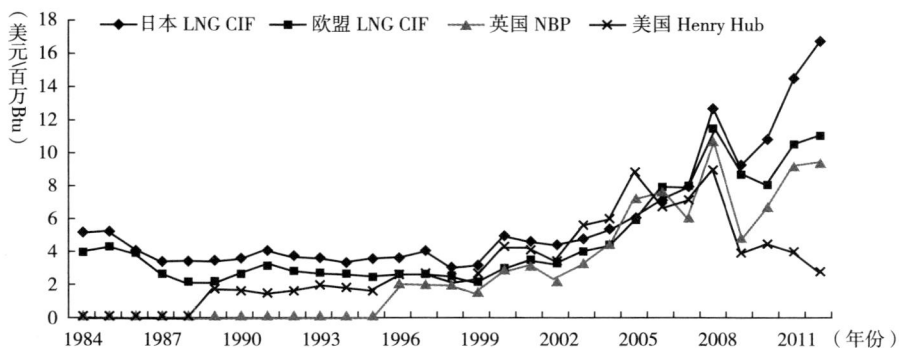

图2-5　1984~2012年世界天然气价格

---

[1] 冯保国：《从LNG与管道气的比较看中国天然气市场发展》，《国际石油经济》2011年第12期，第42~43页。

[2] 北京国际能源专家俱乐部：《国际天然气定价新趋势》，《国际石油经济》2011年第3期，第49页。

世界三大市场价格将保持亚太高于欧洲、欧洲高于北美的态势。①

（三） 煤炭价格

煤炭作为工业燃料广泛用于发电。与其他能源资源（如石油）相比，煤的资源量大，价格比较便宜。中国等新兴经济体对发电用煤炭的需求强劲，是进口大国。随着经济发展，世界煤炭进口量将会进一步增加。

自 1984 年以来，澳大利亚一直是世界上最大的煤炭出口国，其煤炭出口总量超过全国煤炭生产总量的 75％，占全球煤炭出口量的 30％。② 澳大利亚在国际煤炭出口市场上占有举足轻重的地位，对国际煤炭价格产生很大影响。进口国包括日本和韩国等东北亚国家。20 世纪初到 90 年代，动力煤离岸价格（FOB）基本保持在 40 美元/吨左右。2008 年 7 月，国际市场的煤炭价格创纪录达到 190 美元/吨。随后，虽然全球经济有所放缓，但是亚洲地区对煤炭的需求一直强劲，煤炭仍然保持较高价位。目前世界煤炭价格主要有日本的到岸价格、西北欧和美国的市场价格，这些价格的变化趋势较为接近。

煤炭出口国的 FOB 与从出口国到进口国的运输费合计为煤炭进口价格（CIF）。相同的 FOB，运输距离越短，CIF 越便宜。动力煤价格从 2004 年开始上涨。2007 年 6 月，澳大利亚新南威尔士州受到暴风雨袭击，动力煤出口停滞，印度尼西亚也由于雨季延长造成动力煤供给趋紧，这些因素推升了 2008 年的价格。焦煤价格也受供需影响，呈上升趋势。2008 年 1~2 月，澳大利亚昆士兰州受到历史上罕见的暴雨袭击，煤矿透水，生产和装运中断，造成 2008 年焦煤价

---

① 张卫忠：《世界天然气发展趋势》，《国际石油经济》2011 年第 6 期，第 39 页。
② 于文珂：《澳大利亚煤炭工业现状及其在世界能源中的作用》，《中国煤炭》2010 年第 5 期，第 122 页。

格的大幅上涨。受 2008 年秋季爆发的全球金融危机的影响，2009 年上半年，国际煤炭市场需求减少，动力煤价格下降，澳大利亚纽卡瑟尔港标准动力煤价格降到 60 美元/吨左右。[①] 2009 年下半年，随着世界经济企稳回暖，市场需求逐渐回升，价格缓慢上扬。但是焦煤没有受到景气影响，一直保持较高价位。

欧洲的德国、英国的动力煤和焦煤进口 CIF 价格都高于亚洲的日本、韩国。日本、韩国的动力煤主要是从澳大利亚、印度尼西亚等环太平洋地区煤炭出口国进口，而德国、英国的动力煤主要是从南非、哥伦比亚等国进口，或通过铁路从俄罗斯等地进口。所以煤炭运输费用的差异体现在了日本、韩国与德国、英国在动力煤 CIF 价格的差异上。各国焦煤 CIF 价格的上涨都高于动力煤，动力煤和焦煤的差价不断扩大。[②] 图 2 - 6 显示了 1987 ~ 2012 年世界煤炭价格。

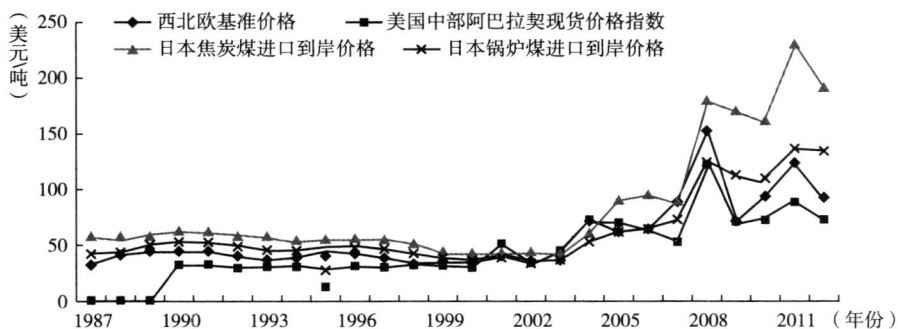

图 2 - 6 1987 ~ 2012 年世界煤炭价格

总体来说，除了石油价格在 20 世纪 70 ~ 80 年代两次石油危机中有大幅度的提升，天然气和煤炭价格在 90 年代都基本保持稳定，

---

① 石砺：《近年世界煤炭贸易形势分析》，《中国煤炭》2010 年第 4 期，第 123 页。

② OECD/IEA, Coal Information 2010, Energy Price & Taxes, 2010.

波动幅度并不大。2002 年以后，石油、天然气和煤炭价格都有大幅上升，并在 2008 年世界金融危机的影响下出现大幅下降。目前能源价格水平已经逐渐恢复并超过金融危机前的水平。

五　全球可再生能源的发展

（一）　全球可再生能源发展的总体趋势

2010～2012 年全球可再生能源装机量从 1250 吉瓦增加到 1470 吉瓦。其中，水电从 935 吉瓦增加到 990 吉瓦；风电装机量从 198 吉瓦增加到 283 吉瓦；太阳能光伏装机量从 40 吉瓦达到 100 吉瓦（见表 2－6）。2012 年，可再生能源占全球总发电装机容量的 26%，发电量占全部发电量的 21.7%，其中 16.5% 来自水电。

表 2－6　全球可再生能源发展现状

	2010 年	2011 年	2012 年
可再生能源投资（亿美元）	2270	2790	2440
可再生能源装机（不包括水电）（GW）	315	395	480
可再生能源装机（包括水电）（GW）	1250	1355	1470
水电装机（GW）	935	960	990
生物质发电（GWh）	313	335	350
太阳能光伏装机（GW）	40	71	100
聚光太阳能热发电（GW）	1.1	1.6	2.5
风电装机（GW）	198	238	283
太阳能热水安装量（GWth）	195	223	255
生物乙醇产量（亿升）	850	842	831
生物质柴油产量（亿升）	185	224	225

资料来源：21 世纪可再生能源政策网（REN21）发布的《2013 全球可再生能源现状报告》，http：//www. cecep－consulting. com. cn/pudun_ admin/Edit/UploadFile/20137111354245779. pdf。

（二）　核能

1951 年 12 月美国实验增殖堆 1 号首次利用核能发电，1954 年 6

月苏联第一座核电厂首次向电网送电，[①] 从此，人类进入了和平利用核能的时代。20 世纪 50～60 年代，美国、西欧和日本的经济迅速发展，美国核电较低的造价使得许多国家认为发展核电能够摆脱对于中东石油的过分依赖，美国、苏联、日本和西欧各国制定了庞大的核电发展规划。1954～1965 年，全世界共有 38 个"第 1 代"核电机组投入运行。1966～1980 年，全世界共有 242 台属于"第 2 代"的核电机组投入运行，其中，日本核电发电量增加了21.8 倍，核电装机量占其国内总装机量的比重从 1.3% 增加到20%。[②] 1979 年的美国三里岛核电站事故以及 1986 年的苏联切尔诺贝利核泄漏，使得全球核电发展迅速降温，核发电装机容量的增长速度曾一度减缓。[③] 随后，为了缓解化石燃料资源的国际竞争以及应对全球气候变暖，核能重新受到世界各国的重视。亚洲的核能发电装机容量稳步增加。欧洲和美国通过提高产出，提升产能利用率，增加发电量。过去的几年中，美国的产能利用率得到提高，欧美核能发电站建设计划取得进展，2010 年 6 月，美国政府为美国南方电力公司子公司——乔治亚电力公司新建两台核电机组提供了有条件的联邦贷款担保，这是美国能源部批准的第一笔核电项目贷款担保。[④] 2011 年 3 月发生的日本福岛核泄漏事故再次引发全球性恐慌，在世界范围内引起"反核"浪潮。在全球核电由于日本福岛事故停滞不前之时，2012 年 2 月 9 日，美国核能监管委员会正式批准南方电力公司在乔治亚州建造并运营两座新的

---

① 李文庆、喻登科：《核电发达国家的严重事故管理及对我国的启示》，《科技管理研究》2010 年第 3 期，第 33 页。

② 张栋：《世界核电发展及对我国的启示》，《能源技术经济》2010 年第 12 期，第 7 页。

③ 日本原子力产业协会：《世界の原子力発電開発の動向》，2010。

④ 张炎：《美众议院同意为新建核电追加 70 亿美元贷款担保》，《国外核新闻》2011 年第 1 期，第 10 页。

核反应堆，美国时隔34年重启核电建设。[①] 世界核能协会发表声明表示这"将开启核能的新时代"。图2-7是2010年各国核能发展现状。

表2-7 各国核能发展现状比较（2010年）

国　家	基　数	发电能力（万 kW）	发电量（TWh）	设备利用率（%）
美　国	104	10524	807	88
法　国	58	6588	428	74.1
日　本	54	4885	292	68.2
德　国	17	2152	141	74.8
瑞　典	10	939	58	70.5
西班牙	8	773	62	91.6
比利时	7	619	48	88.5
瑞　士	5	341	27	90.4
芬　兰	4	282	23	93.1
中　国	13	1085	77	81
韩　国	20	1772	150	96.6

资料来源：基数和发电能力数据来源于日本核能产业协会，《世界原子能发电发展动向2011》（日本経済産業省資源エネルギー庁. エネルギー白書2011：137. http：//www. enecho. meti. go. jp/topics/hakusho/2011/index. htm.）；发电量和设备利用率数据来源于 The McGraw - Hill Companies，NUCLEONICS WEEK（2011年2月10日）。

（三）太阳能

太阳能是一种无污染且取之不尽、用之不竭的可再生能源，太阳能发电具有安全可靠、使用寿命长、运行费用少等优点。因此，太阳能发电对于缓解日益严重的环境和能源危机具有十分重要的意义。截至2012年底，全球太阳能发电累计装机容量超过1亿千瓦。[②]

---

① 于欢：《美国时隔34年重启核电建设》，《中国能源报》2012年2月13日。

② 21世纪可再生能源政策网（REN21）发布的《2013全球可再生能源现状报告》。

截至 2004 年底，日本累计太阳能发电装机容量约为 113 万千瓦，是世界上最大的太阳能发电国。① 2005 年日本政府取消部分支持政策后，太阳能发电增长乏力，2007 年装机容量总计 192 万千瓦，被德国赶超，退居第二位。② 近年来，德国实施了可再生能源强制入网，固定电价优先收购制度，促进了太阳能发电的迅速发展。其基本形式为"固定初始上网电价 + 逐年递减额"，即政府规定各种可再生能源电量的上网电价，然后按照一定的百分比例逐年递减，固定上网电价有效期含投产年在内为 20 年（2009 年 1 月开始生效）。③

与发展太阳能发电相辅相成的是，太阳能电池产业的发展受到越来越多的关注。在太阳能电池的生产方面，日本厂商一直在世界市场上占相当大的份额，但是最近几年，中国大陆和台湾地区等新兴国家和地区厂商的飞速发展越来越显著。2011 年全球新增太阳能发电装机容量约 2800 万千瓦，相当于 2009 年底以前全球太阳能累计装机容量。④

（四）风能

风能分布广、蕴藏量大、可再生、无污染，是可再生能源中发展最快的清洁能源。

近年来，世界风力发电呈现规模化发展的趋势。全球风电装机容量近几年迅速增加，2010 年达到了 1.9 亿千瓦，2012 年达到了 2.8 亿千瓦。⑤ 截至 2010 年底，中国全年风力发电新增装机达 1600

---

① 数据来源于日本经济产业省。

② 杨占伟：《日本新能源产业发展现状及存在的课题》，《边疆经济与文化》2011 年第 12 期，第 15 页。

③ 王乾坤、周原冰、宋卫东、方彤：《德国可再生能源发电政策法规体系及其启示》，《能源技术经济》2010 年第 3 期，第 51 页。

④ 国家能源局：《2011 年全球太阳能发电市场取得历史性突破》，2012 年 2 月 16 日，http://www.nea.gov.cn/2012－02/16/c_131413036.htm。

⑤ 21 世纪可再生能源政策网（REN21）发布的《2013 全球可再生能源现状报告》。

万千瓦，累计装机容量达到4182.7万千瓦，首次超过美国，跃居世界第一。① 2012年中国以75300万千瓦的累计装机量位列第一。②

同样，在积极对风能发电在能源政策和环境政策中给予定位，实施由电力公司义务购买等各种优惠政策的背景下，在欧洲的设置不断增加，如德国达到14%、西班牙达到11%，此外，风能发电在印度所占的份额也较大（7%）。③

海上风电资源丰富，发展海上风电成为世界各国的共识。欧洲是海上风电的主要市场，占全球海上风电装机总容量的90%。④ 欧洲风能协会发表的2010年风能数据显示，2010年欧盟海上风电新增装机容量达到创纪录的883兆瓦，比2009年增长51%。2000~2010年，欧盟海上风电装机容量增长占风电增长的9.5%。1995~2010年，欧盟年装机量从814兆瓦增长至9295兆瓦，年均增长17.6%。⑤ 英国政府和丹麦政府决定将继续开发利用可再生能源作为重要的开发领域。在政府的影响下，欧盟海上风电装机容量294.6万千瓦（1136个发电机组）中，英国占了46%，丹麦占了29%。⑥

（五）生物质能

全球生物质能的消费越来越多。2008年，生物质能在全球一次能源供应总量中所占比例很大，为9.7%，OECD成员国平均占3.9%，非OECD国家平均占15.2%。⑦ 在美国和欧洲等发达国家中，

---

① 叶勇：《中国风电装机容量世界第一》，《上海证券报》2011年1月13日。
② 21世纪可再生能源政策网（REN21）发布的《2013全球可再生能源现状报告》。
③ Global Wind Energy Council, Global Installed Wind Power Capacity。
④ 杨方、尹明、刘林：《欧洲海上风电及并网发展情况》，《能源技术经济》2011年第10期，第52页。
⑤ 欧洲风能协会（EWEA）：《2010年欧洲风电装机统计》，《风能》2011年第4期，第45、47页。
⑥ 日本经済産業省資源エネルギー庁. エネルギー白書2011：38, http：//www. enecho. meti. go. jp/topics/hakusho/2011/index. htm。
⑦ IEA，*Extended Energy Balances of OECD Countries 2010*，2010。

为应对气候变化而在政策上推动引进生物质能的国家越来越多。2010～2012年，全球生物质能发电由313TWh增长到350TWh。[1]

为了减少交通运输部门对化石燃料的依赖，减少温室气体排放量，各国纷纷启动了推广使用生物燃料的政策。欧盟是目前生物柴油的主要生产商。2008年，欧盟生产生物柴油约8.5亿升，占全球总生产量的50%；生产乙醇约3.5亿升。2009年4月，欧洲议会通过了可再生能源指令（Renewable Energy Directive，RED）。该指令强制要求欧盟成员国能源消费中，可再生能源消费须占到20%；运输部门2020年可再生能源消费须占总部门能源消费的10%，而且期望主要为生物燃料。[2] 然而生物燃料的主要原料是甘蔗、玉米等食品，所以有人指出生物燃料急剧增加，可能导致食品价格上涨，带来严重影响；还有人认为生物燃料的生产，可能使森林和热带雨林变为耕地的趋势不断扩大。出于这个原因，为了减少生物燃料的生产和消费对自然环境和食品市场的影响，欧盟一直在制定可持续性标准和召开国际会议进行研讨。同时也在开发非食品原料的生物燃料（稻草和木材等纤维素材料、藻类等）。近年来，世界主要石油企业也致力于开发新一代生物燃料，美国雪佛龙公司、荷兰皇家壳牌集团等相继向开发藻类生物燃料的合资企业进行投资。

此外，发展中国家的生物质能利用的物质包含木柴和木炭等。预计未来在发展中国家，伴随着经济的增长，煤油、电、城市煤气等商业能源的利用将会增加，使用生物质能的比例将会降低。

（六）水电和地热发电

水电作为技术成熟、供应稳定的可再生能源，在全球能源供应

---

[1] 21世纪可再生能源政策网（REN21）发布的《2013全球可再生能源现状报告》。
[2] 陈娟、黄宗煌：《欧美第二代生物燃料产业发展政策及其启示》，《林业经济》2010年第12期，第90页。

中占有非常重要的地位。2008 年全球水电装机容量约为 9.2 亿千瓦，约占世界总装机容量的 20%。[①] 水电装机容量最多的国家是中国、美国、加拿大、日本等。在发达国家，大型水电项目的开发潜力有限。[②] 但是在中国，水电装机容量还在逐年增加。世界上最大的三峡大坝电厂（18.2 吉瓦）比计划提前一年于 2009 年 2 月完工，装机容量进一步增加。[③] 2010 年 8 月，中国水电装机容量突破 2 亿千瓦，居世界第一。2010 年，水电占中国电力总装机容量的 22%，占中国总发电量的 16%。[④]

水电是最有潜力的可再生清洁能源，但反对水电发展的声音也从未停止。反对者认为水电对当地生态系统造成了严重破坏，水电发展需要付出极大的人力成本，建造水电站可能会导致当地居民搬迁，建造大坝容易给下流地区带来水土流失。尽管争议极大，但对于急于摆脱化石燃料依赖且水力资源丰富的国家来说，发展水电仍旧是最好的选择。[⑤]

地热能是一种具有广阔开发前景的新能源，世界地热资源潜在量排名前五位的国家为印度尼西亚、美国、日本、菲律宾和墨西哥，世界地热发电装机容量排名前五位的国家是美国、菲律宾、印度尼西亚、墨西哥和意大利。[⑥]

---

① 海外電力調査会：「海外電気事業統計」2006 年版～2010 年版；日本エネルギー経済研究所．「エネルギー・経済統計要覧 2010」．转引自日本経済産業省資源エネルギー庁．エネルギー白書 2011：143，http：//www．enecho．meti．go．jp/topics/hakusho/2011/index．htm。

② 李海英、冯顺新、廖文根：《全球气候变化背景下国际水电发展态势》，《中国水能及电气化》2010 年第 10 期，第 35 页。

③ 日本海外电力调查会：《海外电气事业统计》，2006～2010；日本经济研究所：《日本经济统计要览 2010》。

④ 中国国电集团公司：《中国水电发展历程》，2010 年 8 月 30 日，http：//www．cgdc．com．cn/zgsdbn/898097．jhtml。

⑤ 杰威尔·伊斯皮诺扎：《谁将主宰下一个电力时代》，王晓苏编译，《中国能源报》2011 年 5 月 23 日第 9 期。

⑥ 满娟：《全球地热开发热流涌动》，《中国石化》2010 年第 3 期，第 50 页。

2010 年全世界地热发电量约为 1071 万千瓦，2012 年增加到 1170 万千瓦。[①] 2010 年世界地热大会上发布的权威信息表明，中国已经成为世界上利用地热能量最大的国家，而美国则占据了地热发电装机容量和发电量全球第一的位置。[②] 据美国利用地热资源协会统计，美国利用地热发电的总量已达 2200 兆瓦，相当于四个大型核电站的发电量。[③]

第三节　全球与区域能源安全合作

在国际能源市场变化多端、能源领域竞争日益加剧的形势下，各国为了保障本国的能源安全，走向国际协调、对话、磋商与合作是一种必然的趋势。目前在全球与区域范围内已经有很多较为成熟的能源合作组织和机构，其中能源宪章组织、国际能源署、石油输出国组织作为全球能源合作组织，在协调能源生产者和需求者关系上发挥了巨大的作用。与全球范围内的能源合作相比，区域能源合作的重要含义是在区域范围内努力使一些国家形成较为合理的能源生产、运输和需求体系，确保区域市场平衡，并承担相互责任，它对于保障能源安全具有不可替代的优势和作用。目前欧盟国家能源合作日益趋于成熟和完善，因此对于欧盟国家能源合作模式的研究将为东北亚能源合作提供有益的借鉴。

一　全球性能源合作的开展

（一）国际能源署（IEA）

1973 年 11 月，16 个经合组织成员国成立了国际能源署。该组

---

① 21 世纪可再生能源政策网（REN21）发布的《2013 全球可再生能源现状报告》。
② 贾建荧：《前景与争议——全球 10 大清洁能源项目》，《低碳世界》2011 年第 4 期，第 37 页。
③ 《地热能在美国前景喜人》，中国新能源网，2011 年 9 月 19 日，http：//www. china‐nengyuan. com/news/22622. html。

织的最高决策机构是董事会，由成员国的部长和高级官员组成。各成员国签署了《国际能源计划协议》，建立了应急反应体系。主要包括：建立石油储备，并在紧急情况下投入使用。IEA 石油进口国必须保证一定数量的石油储备，大致相当于前一年 90 天的净石油进口量。在发生石油供应危机期间，可以采用减少短期石油消费的措施，即劝告、行政手段、强制性措施、分配和配给计划等或改用非油类燃料。这是根据可持续发展观制定的，目的是在短期内实现从石油向可替代燃料转变。该措施主要在交通和工业领域实行，减少在双燃料和多燃料装置中的石油消费量；增加本国的石油产量。根据此项措施，IEA 的石油生产国（主要指加拿大、挪威和英国）在危机时可以增加本国石油产量。这种制度在 70 年代和 80 年代被成功地应用，并在 1990～1991 年海湾战争时期有明显效益。

近年来，国际能源署经常成为能源生产国和需求国在全球范围内各项活动的组织者，并加强了与非国际能源机构国家之间的联系。另外，国际能源署在世界能源生态问题，尤其是在解决排放废气，以及在能源效益和节能方面都加强了工作。

（二）石油输出国组织（OPEC）

1960 年 9 月石油输出国组织（OPEC）正式成立，共有 11 个成员国：沙特阿拉伯、伊朗、伊拉克、科威特、卡塔尔、阿拉伯联合酋长国、利比亚、阿尔及利亚、尼日利亚、印度尼西亚、委内瑞拉。

石油输出国组织的主要目标是协调与统一成员国的石油政策，确定最佳办法以保障成员国个别和集体的利益；确保国际油价稳定，避免有害而无必要的波动；保证产油国的利益与收入稳定，向消费国提供高效、经济和稳定的石油供应，使投资者得到公平合理的回报。

石油输出国的组织机构有部长会议，它是最高权力机构，由成员国石油和能源部部长率团组成，每年至少开会两次，以一致同意的方式确定和实施政策方针；理事会主要负责执行部长会议的决议和指导 OPEC 组织的管理，由各成员国派一名代表组成，任期两年；秘书处是一个常设的政府间机构，按照 OPEC 章程并在理事会的指导下承担执行职能，如为部长会议提供设施支持，进行各方面的研究和管理，准备报告和统计，通过各种出版物提供有关 OPEC 及其活动的信息并负责向世界各地发布新闻和信息等。

（三）　能源宪章组织及《能源宪章条约》

1998 年 4 月《能源宪章条约》正式生效。目前成员国包括多数发达国家和发展中国家及东欧的原社会主义国家，总部设在布鲁塞尔。《能源宪章条约》是一个国际性的多边能源协定，条约的主要目的是为了建立一个法律框架来促进长期的能源合作。《能源宪章条约》为在对峙结束后的新欧洲发展统一的能源基础设施和进一步实现欧洲燃料整体化进程打下了牢固的法律基础，促进了包括欧洲在内的世界集体能源安全体系的建立，有助于在欧亚地区能源方面建立牢固和长期的联系。

《能源宪章条约》是一个开放式条约，不仅鼓励内部成员间的交流与合作，也欢迎其他国家的参与加入。该《条约》把"能源宪章大会"作为所有缔约国的定期聚会，为成员国提供交流和合作的平台。当有关各国在能源的投资、生产及运输领域发生争端时，将通过该大会进行磋商和协调。此外，各成员国还通过该组织对环境问题进行协商。

随着全球化的发展，能源宪章组织逐步扩大了签署国的地域范围并改善了同国际组织和大石油公司的关系，逐渐促进了与非成员国的合作。蒙古国政府和日本政府正式批准宪章条约，成为能源宪章组织的准成员国。韩国、中国、阿尔及利亚、科威特、伊朗等先后成为该组织的观察国成员。

《能源宪章条约》的主要内容涉及国际投资、贸易、过境运输、实行法规和保护环境五个方面。一是国际投资。《能源宪章条约》中有关东道国给予外国能源投资者提供保护的规定是以经合组织《投资规则》为蓝本的，并且规定政府必须对外资和内资一视同仁。二是国际贸易。由于部分东欧国家（主要是独联体国家）尚不是《关贸总协定》成员国，《能源宪章条约》将这部分缔约国在能源领域也视为关贸总协定成员国。贸易谈判的出发点，是在能源领域尽可能实现贸易自由化。三是过境运输。四是争端解决办法。《能源宪章条约》要求各缔约方在发生争执时应首先通过争端解决机制解决争端，而不要采取极端措施切断运行中的能源输送系统。五是保护环境。

（四）其他形式的全球能源合作

国际能源论坛（IEF）是世界主要石油生产国和消费国的能源部长和 IEA、OPEC 等国际机构代表共同参与的重要的"产消对话"场所。1991 年 7 月，举办了第一届国际能源论坛（IEF），以后每 1～2年举办一次，至今已举办了十余次。2011 年 2 月，为了庆祝国际能源论坛成立 20 周年，在沙特阿拉伯（利雅得）召开了特别会议，产油国和消费国共计 86 个国家的政府官员参加了此次会议。各国将继续共同努力保持石油市场稳定。为了加强产油国和消费国对话，会议通过了 IEF 宪章。

国际可再生能源机构（IRENA）总部设在阿拉伯联合酋长国阿布扎比，成立的目的是促进可再生能源的普及利用，在能源领域该机构是与国际能源署（IEA）、国际原子能机构（IAEA）并存的第三个国际机构。国际可再生能源机构的主要活动有：成员国经验（政策、制度、技术、成功事例）的分析总结；与其他政府和非政府组织等的合作、政策建议、技术转让、人力资源开发、融资咨询、研究网络的扩展、建立国际技术标准等。2011 年 4 月，第一次全体会议在阿布扎比举行，会议讨论了清洁能源技术的开发和推广问题。

二　区域性能源合作的发展

与全球能源合作相比，区域能源合作由于地理、文化、宗教、风俗等方面的相近和共通之处，更具现实性和可操作性，更容易协调各方利益，容易达成一致性协议，而且由于能源产品的特殊性更容易形成区域能源合作。大多数石油加工企业和一些大型港口输油设施的存在，形成了一些区域性石油期货市场，目前，全球石油现货市场有西北欧市场、地中海市场、加勒比海市场、新加坡市场和美国市场。[①] 天然气运输需要通过输气管道，长途运输存在一定的困难，并且运输费昂贵，因此国际天然气市场明显带有区域性特征，目前完整地形成了三个大型区域性天然气市场：欧洲、东亚和北美。

主要的区域能源合作主要有以下几个。

（一）欧盟的能源合作

欧盟地区经济发达、能源消费量大，但欧盟地区内能源资源十分短缺，因此对能源进口的依赖度不断提高，目前欧盟能源消费总量中的进口能源占 50% 左右。为了保障能源安全，从 20 世纪 90 年代初期起，欧盟开始重视整个联盟层面的能源政策。1995 年公布了"欧盟能源政策白皮书"，从而完成了欧盟能源发展总政策的制定任务。2007 年欧盟为实现新的能源政策目标，发布了"2007～2009 年欧洲委员会能源行动计划"，又名"欧洲能源政策书"。在欧盟能源

---

① 张婷婷：《原油现货价格与期货价格关系的实证分析——以 WTI 为例》，《价格月刊》
2010 年第 12 期，第 24 页。

政策中强调能源合作的内容包括以下几个方面。

第一，加速能源市场整合。加速能源市场整合有利于促进欧盟内部竞争，提高能源利用效率，降低能源消费价格，为逐步统一欧盟能源市场奠定坚实的基础，在全球能源市场中居于更加有利的位置。因此早在 20 世纪 80 年代，欧共体委员会就提出逐步实现能源市场自由化和一体化的建议，通过建立横跨欧洲的能源网络，降低各国间的壁垒并在能源工业，特别是天然气和电力工业中引入竞争，其目的是推进能源系统的全面高效运转和节约能源。但由于当时利益分歧较大，成员国未能就此达成协议。

进入 21 世纪，随着国际能源形势的进一步不明朗，加上欧盟经济一体化的深入发展，开放能源市场的迫切性和重要性逐步显现，建立一个共同能源市场刻不容缓。2007 年欧盟首脑会议终于批准了进一步在成员国内部建立统一的天然气与电力市场的文件，从而促使欧盟内部能源生产与供给市场更加开放。

第二，建立统一的能源战略储备。欧盟曾经在国际能源署框架下，规定欧盟成员国必须建立三种主要石油产品的 90 天的战略储备。但随着国际能源市场的发展，欧洲委员会认为，30 年前的规定没有考虑到现代燃料市场的实际，存在着许多问题。一些国家的储备由专门的代理机构负责管理，还有的国家则交给了私人公司，结果破坏了竞争条件。另外，关于在发生危机的情况下应该动用多少石油储备也未做规定。欧盟的现行法律规定了在能源供应不足的情况下利用战略储备的总原则，但是在国际市场石油和石油产品价格剧烈变化的情况下，未制定出任何能够统一和协调一致的利用战略储备的机制。另外在国际能源署内也有许多问题。启动反危机的机制必须经 26 个成员国的一致同意，这样欧盟国家必须同非欧盟国家合作（如美国、澳大利亚、日本、韩国等），而这些国家的利益并不能同欧盟国家的利益永远保持一致，特别是在建立欧盟内部统一市场方面，这些国家同欧盟国家的利益不尽一致。

2002年9月，欧洲委员会向欧洲议会提交了共同纲领草案，草案规定了协调各国储备的体制。欧盟各国都必须成立管理石油储备的国家机构，这个机构应该掌握各自国家不少于1/3的、按欧盟规定建立的储备。欧盟制定反石油和石油产品供应危机的总体战略，由各成员国共同执行。总体战略规定了反危机的措施、目的、行动期限和手段，由各成员国实施，还规定了统一使用石油储备的标准。启动战略储备的底线是连续12个月世界市场石油价格的涨幅超过欧盟国内生产总值的0.5%。为了保证共同纲领的执行，石油和石油产品的战略储备应该增加到90~120天的消费量。共同纲领的实施，可以保证欧盟内统一市场上石油和石油产品的稳定供应，提高能源安全程度，完善价格体系并且有利于降低欧盟购买能源的价格。落实欧盟国家保证能源安全的统一措施，必须得到石油生产国的配合。

第三，在环保领域和统一能源税政策方面寻求突破点。欧盟注重环境保护和能源安全相结合。欧盟为了促进环境保护，把《京都议定书》的减排指标分解到各个成员国，并督促各成员国采取措施达到减排目标。在这个过程中，欧盟超国家机构通过信息优势和专业优势，成功地对成员国政策进行方向性指导，使其能源政策朝自己希望的方向发展。欧盟通过统一能源税控制能源消费的过快增长，同时为了达到减排目标，减少温室效应，欧盟征收了二氧化碳税。

第四，在核能的安全利用方面开展合作。欧盟认为核能的发展将从战略上提高其能源供应的独立性，因此欧盟希望各成员国发展核能。为了解决能源的继续发展问题，欧盟提议从四个方面着手：一是建立监督机构和欧盟各国的核电站安全标准；二是对拆卸废弃核电站所需要的巨额资金进行规范化管理；三是与俄罗斯签订有关核燃料供应的协议；四是对核废料进行合理的管理和存储。

欧盟区域能源合作较为成熟，对其他区域能源合作的发展有较大的借鉴意义。除欧盟外，其他的区域能源合作也在逐渐发展。

（二）上合组织框架下的能源合作

上海合作组织（Shanghai Cooperation Organization，SCO）是由中国、俄罗斯、哈萨克斯坦、吉尔吉斯斯坦和塔吉克斯坦组成的"上海五国"会晤机制演变而来的。2001 年以上五国再加上乌兹别克斯坦，六国元首举行首次会晤，并签署了《上海合作组织成立宣言》，宣告上海合作组织正式成立。

上海合作组织原为多边多层次的政经整合平台，以打击恐怖主义、极端主义和分离主义等，提供石油运输的安全保障。随着该组织的发展进而产生了影响成员国能源政策制定的作用。[①] 上海合作组织的合作涉及政治、经济、科技、文化、教育、能源、交通、环保及其他领域。其中能源合作是上海合作组织成员国合作的重要内容。在上海合作组织成员中，俄罗斯、哈萨克斯坦和乌兹别克斯坦等是能源资源十分丰富的国家。俄罗斯拥有巨大的石油和天然气储量。俄罗斯石油储量占全球储量的 13%，俄罗斯天然气剩余探明可采储量占全世界的 32%。哈萨克斯坦石油资源总量达 138 亿～181 亿吨，占里海地区石油资源总量的 50% 以上，哈萨克斯坦天然气探明剩余可采储量为 2.8 万亿立方米，占中亚地区的 38%。乌兹别克斯坦天然气资源也十分丰富，开采量居世界前十位。2006 年 6 月在上海合作组织成员国元首第六次峰会上，俄罗斯提出关于建立上合组织"能源俱乐部"的设想，2006 年 9 月，在上海合作组织成员国总理

---

① Kevin Sheives，"China Turns West：Beijing's Contemporary Strategy towards Central Asia"，*Pacific Affairs*，2006（79）：215.

第五次会议上，各国对加强能源合作的建议给予一致拥护。

目前上海合作组织的多边能源合作框架已经初步建立，成员国之间的能源合作也逐渐开展。如中哈原油管道实现对接，独山子千万吨炼油工程和百万吨乙烯工程正在加紧兴建，天然气管道也在规划当中。中国与乌、吉、塔在石油、天然气、水利和核原料的开发利用方面也已达成许多协议。能源合作使得上海合作组织成员国之间的经济利益和国家利益紧密地联系在一起，上海合作组织能源合作的前景十分广阔。

（三）亚太地区能源合作

随着亚太国家之间能源合作项目的增加，亚太地区的能源合作已经成为这一区域经济发展的重要动力。目前最主要的是在亚太地区政府间经济合作框架内形成区域性能源合作制度。

亚太经济合作组织（Asia – Pacific Economic Cooperation，简称APEC）是亚太地区最具影响力的经济合作官方论坛。1989 年，澳大利亚、美国、加拿大、日本、韩国、新西兰和东盟六国在堪培拉举行的首届亚太经济合作部长级会议，标志着亚太经济合作组织的成立。设在新加坡的亚太地区经济合作组织秘书处负责有关组织问题，在澳大利亚堪培拉设有能源工作组的常设秘书处，协调亚太地区经济合作组织内部的能源合作事务，与亚太地区经济合作组织秘书处接触，协调能源工作组日程、会议、工作安排，并实行项目投资计划和资金安排。

亚太地区各国每年召开两次工作组例会和一次能源部长级会议。目前这些会议的议事日程包括下述问题：亚太地区各国能源政策特点，开放地区能源市场状况，制订实施计划和项目的目标，发展与国际能源组织合作状况，发展区内电力和天然气基础设施，核安全以及立法程序和组织问题。在亚太地区经济合作组织的能源合作框架内，发展该区能源安全系统具有重要意义，其中包括减少对进口中东油气的依赖和解决环保问题。为此已出现发展区域性天然气运输设施投资的高潮，一些能源宪章协议的参与国，如日本和澳大利亚利用能源宪章中一些条款发展区域能源合作。

在首届亚太经济合作部长级会议上，成员国就区域内能源合作的重要性以及建立一个专门讨论该问题的平台达成一致。1990 年正式成立能源工作组（EWG）。为了进行更高层次的能源政策对话，1996 年在悉尼召开了第一届 APEC 能源部长会议。2007 年 5 月，第八届 APEC 能源部长会议在澳大利亚达尔文举行，日本提出在 APEC 范围内遵照自愿原则制定节能目标和行动计划，建立用于监测进展情况的 PREE 系统。该提案被列入《达尔文宣言》，截至 2010 年，对九个经济体进行了专家评审。作为能源效率监测制度（PREE）的补充，2009 年又实施可持续性能源效率设计合作（CEEDS）。2007 年在澳洲雪梨召开了 APEC 经济领袖会议，发表了作为 APEC 能源和可持续发展的指导方针的"气候变迁，能源安全与洁净发展"宣言，提出与 2005 年相比，2030 年前将能源密度降低至少 25% 的目标，建立自愿基础上的 APEC 能源效率监测制度（APECPREE）。2008 年秘鲁的 APEC 经济领袖会议宣言中，重申了 2007 年《雪梨宣言》的承诺，强调要通过《联合国气候变化框架公约》（UNFCCC）和《京都议定书》架构应对气候变迁。在亚太能源研究中心（APERC）与各相关经济体的积极参与下，日本推动的 PREE、能源效率政策概要汇编以及永续性能源效率设计合作（CEEDS）三项计划，获得 APEC 各经济体的肯定。APEC 区域整体能源效率合作机制的改善与深化，成为 2010 年能源部长会议的一个主题。

另外，东亚框架下的能源合作也在开展。2004 年 6 月，东盟及中日韩（"东盟 + 3"）在菲律宾的马尼拉举行第一次能源部长会议。

会议一致同意构筑"亚洲·能源·伙伴关系"，将能源的安全保障和可持续性发展作为共同目标，加强在石油储备、石油市场、天然气、可再生能源等领域的合作。在此基础上，2007年在新加坡举行论坛，除了"东盟＋3"的能源部长外，印度、澳大利亚、新西兰的能源部长也出席了会议。在第二届东亚峰会上，东盟十国和中国、日本、韩国、印度、澳大利亚和新西兰的国家元首或政府首脑签署了《东亚能源安全宿务宣言》，提出了东亚地区能源合作的具体目标和措施。2008年8月，各国又签署了《第一届东亚峰会能源部长会议联合部长宣言》，强调各国要加强已经进行的提高能源效率、利用可再生和替代性能源等清洁能源方面的合作。2010年7月，第七届"东盟＋3"能源部长会议及第四届东亚峰会（EAS）能源部长会议在越南大叻举行，会议一致同意举行后续工作以便促进各国提交的石油储备路线图得到切实落实。在东亚峰会（EAS）能源部长会议上，针对各国在上年提交的节能目标和行动计划，日本提出制定节能路线图并召开节能会议的提议，得到各国代表的同意。

亚洲能源产消国部长会议，是通过亚洲主要资源国和消费国的聚会，开展关于国际能源问题和亚洲地区能源安全保障问题的讨论，并建立信赖关系。2005年以来，每两年举行一次。2011年4月，第四次亚洲能源产消国部长会议在科威特召开，18个亚洲、中东地区国家的负责能源工作的官员及三个国际机构的代表参加，生产国和消费国之间就能源需求不断增加的亚洲能源市场的稳定措施等议题进行了对话。

第三章

东北亚能源供给国能源开发利用与对外合作

在东北亚区域内，俄罗斯及远东地区和蒙古国能源资源十分丰富。本章主要对俄罗斯及远东地区和蒙古国能源资源储备、能源生产、能源消费、能源贸易等基本能源情况进行概括，对未来俄罗斯和蒙古国能源资源发展趋势进行预测。同时还对俄罗斯、蒙古国政府制定的长期能源发展战略、能源外交、在能源领域投资的相关政策法律进行详细的分析，准确掌握俄罗斯和蒙古国未来能源发展的战略方向。

第一节　俄罗斯东西伯利亚及远东地区能源资源

一　俄罗斯东西伯利亚及远东地区自然地理状况

俄罗斯东西伯利亚和远东地区，西靠西西伯利亚平原，北临北冰洋，东濒太平洋，南同中国和蒙古国接壤。地理坐标为东经 $78°\sim180°$，西经 $170°$，北纬 $45°\sim80°$，陆地面积约 1030×10^{4} 平方千米。

俄罗斯联邦主体西伯利亚联邦管区和远东联邦管区包括的行政区有：克拉斯诺亚尔斯克边疆区、图瓦共和国、伊尔库茨克州、布里亚特共和国、外贝加尔边疆区、萨哈（雅库特）共和国、阿穆尔州、哈巴罗夫斯克边疆区、滨海边疆区、萨哈林州、马加丹州、堪察加边疆区和楚科奇自治区。

东西伯利亚地区北起北冰洋，南与中国、蒙古国相邻，西与西西伯利亚、东与远东（经济区）相接。地貌上北部为北西伯利亚低地，东北部为中雅库特平原，中部为中西伯利亚高原、通古斯高原和勒拿河沿岸高原，南部为勒拿－安加拉高原和前贝加尔洼地。包括克拉斯诺亚尔斯克边疆区、伊尔库茨克及后贝加尔边疆区、萨哈（雅库特）共和国西部等，面积约 410×10^4 平方千米。

远东地区西与东西伯利亚相接，北起北冰洋，东至太平洋，南与中国相邻，地貌上以山地为主，南部有兴安岭－布列亚山脉和锡霍特山脉，依次向北有斯塔诺夫山脉（外兴安岭）、朱格朱尔山脉、上扬斯克山脉、切尔斯基山脉、亚纳－因迪吉尔卡低地、科雷马低地、科雷马山原、阿纳德尔高原、科里亚克山原以及堪察加山脉等。包括萨哈（雅库特）共和国东部、布里亚特自治共和国、后贝加尔边疆区、哈巴罗夫斯克边疆区、楚科奇自治区、科里亚克自治区和滨海边疆区等。

东西伯利亚区（西伯利亚联邦管区东部）属于典型的大陆性气候区，远离大西洋、太平洋和印度洋的暖风又被山脉阻隔，冬夏温差巨大，昼夜温度变化剧烈，夏短冬长，是世界上最寒冷的地区之一。远东区两面临海，各地气候差别较大，南方沿海地区受季风影响温和、湿润。农业发展在东西伯利亚区由于气候寒冷而受阻，播种区主要集中在南部的伊尔库茨克州和布里亚特共和国南部；远东区南部由于雨量充沛，成为主要农业区。两区畜牧业发达，北方苔原冻土带以放鹿为主，南部靠近蒙古国有天然的牧场和草场，养羊业发达。两区北纬70°以南的绝大部分地区被森林草原覆盖，林业发达。东西伯利亚区缺少发达的铁路网和公路网，叶尼塞河为重要的水运交通；远东区交通以铁路运输为主。区内水力资源丰富，在安加拉河、叶尼塞河、维柳伊河及阿穆尔河等流域建有多座大规模的发电站。

二 俄罗斯西伯利亚与远东地区丰富的能源资源

俄罗斯能源资源的80%分布在处于东北亚区域内的东西伯利亚和远东地区。其中，石油总资源量约为177亿吨，天然气总资源量约为59万亿立方米，俄罗斯东西伯利亚和远东地区油气资源量分布情况如表3-1和表3-2所示。

表 3-1 俄罗斯东部地区石油资源量分布情况

单位：亿吨

	石油总资源量	已探明石油资源量
东西伯利亚	88.37	7.64
其中：克拉斯诺亚尔斯克边疆区	68.54	5.02
伊尔库茨克州	19.82	2.62
远东地区陆上	88.24	7.06
其中：萨哈（雅库特）共和国	29.08	2.63
马加丹州	10.69	
萨哈林州	1.92	
其他	50.56	
总　计	176.61	14.7

资料来源：根据韩国英籍学者白旭根的数据，《东北亚的天然气与石油：政策、项目和前景》。

表 3-2 俄罗斯东部地区天然气资源分布情况

单位：十亿立方米，%

地　区	总资源量	已探明量	采出率
Ⅰ. 东西伯利亚和萨哈（雅库特）共和国	42477.2	3318.2	7.88
泰梅尔自治区	11282.6	286.3	2.64
埃文基自治区	9043.0	290.3	3.21
克拉斯诺亚尔斯克边疆区	3328.6	93.2	2.80

续表

地　区	总资源量	已探明量	采出率
伊尔库茨克州	8442.5	1431.4	16.96
布里亚特自治区	221.0	—	—
萨哈（雅库特）共和国	10159.5	1217.0	12.17
II. 俄罗斯远东（陆上）	1715.5	73.1	6.71
马加丹州	4.0	—	—
楚科奇自治区	350.7	6.9	2.00
勘察加州	481.6	16.0	3.30
科里雅克自治区	356.0	—	—
萨哈林岛地区（陆上）	362.0	49.8	13.70
阿穆尔州	82	—	—
哈巴罗夫斯克边疆区	4.0	0.4	—
滨海边疆区	5.0	—	4.92
III. 大陆架	15031.0	739.7	25.20
包括萨哈林岛部分	2962.0	739.7	
总　计	59223.7	4130.1	

资料来源：俄官方网站公布的《东西伯利亚和俄罗斯远东天然气资源开发前景分析》《俄天然气部门的政府计划草案》《燃料－能源合成的开发战略》等研究资料。

俄罗斯煤炭资源丰富，其探明可采储量达到 1570.1 万亿吨，约占世界总储量的 19%，仅次于美国，居第二位。俄罗斯煤炭品种比较齐全，从长焰煤到褐煤，各类煤炭均有。俄罗斯煤炭资源地区分布极不平衡，俄罗斯联邦已探明和初步估算的煤炭储量集中在 22 个煤田和 1700 多个煤矿，仅 10% 的探明煤炭储量处在欧洲部分，而 90% 在西伯利亚和远东地区。库兹涅次克煤田（西西伯利亚）是俄罗斯主要的煤田，那里集中了包括长焰煤和无烟煤的各品种煤炭。库兹涅次克煤田的煤炭探明储量为 580 多亿吨，可以大规模采煤以满足各方面的需要。[1]

---

[1] 〔俄〕鲍里斯·萨涅耶夫：《俄罗斯与东北亚国家的能源合作：前提、方向和问题》，《西伯利亚研究》2005 年第 5 期，第 14 页。

三 东西伯利亚及远东地区能源基础设施概况

（一）输油管线

东西伯利亚及远东地区现有三条输油管线。[①]

一是东西伯利亚－太平洋石油运输管道。该石油运输管道使西西伯利亚及东西伯利亚的石油产地同俄罗斯滨海边疆区的港口连接起来，保障对美国、亚太国家及地区的石油出口。按照国家石油运输公司的设计，东西伯利亚－太平洋石油管道第一阶段年运输能力为3000万吨，完全建成后将达到8000万吨，起点为伊尔库茨克州的泰舍特，经过阿穆尔州的斯科沃罗季诺，终到太平洋沿岸的科基米诺湾，设计长度为4670千米（第一阶段2764千米）。第一阶段建设从伊尔库茨克州的泰舍特到阿穆尔州的斯科沃罗季诺的管道，目前这部分管道已建成并开始输油；第二阶段计划建设斯科沃罗季诺至滨海边疆区的科基米诺湾的管道。

二是奥哈－阿穆尔河畔共青城石油运输管道。从萨哈林岛北部的奥哈油田至阿穆尔共青城炼油厂的管道是1942年苏联时期建设的，主要为共青城石油加工厂提供原料。该管线为复线。第一条长650千米，管径为300毫米，输油能力低；第二条与第一条平行，管径为470～500毫米。

三是雅库特输气管道。在雅库特境内有两条输气管道线。一条从下维柳伊气田的开采中心塔斯图木斯至雅库特自治共和国首府雅库茨克，长310千米，管径529毫米；另一条长200千米，小管径管道线从马斯塔赫气田至塔斯图木斯。

另外，俄罗斯还进行东部管网规划，计划修建东部天然气管道

---

① 资料来源：http：//www.volgometall.ru/info/pipelines/atr_countries.gif。

和出口管道，增加对亚太国家的天然气出口。

（二）炼油厂

在东西伯利亚及远东地区分布着四家大型石油加工企业。[①]

安加尔斯克石油化工联合企业是苏联时期最大的石油化工企业，包括石油加工厂、化工厂和原料生产部门。目前企业生产超过 200 种产品，占伊尔库茨克区生产总值的 15%。年加工能力为 1918×10^4 吨石油。

阿钦斯克石油加工厂是克拉斯诺亚尔斯克州唯一的大型石油加工企业。2007 年 5 月被俄罗斯石油公司收购。年加工石油 650×10^4 吨。

共青城石油加工厂位于哈巴罗夫斯克边疆区阿穆尔河畔共青城内。工厂加工通过奥哈－阿穆尔河畔共青城石油管道输送的萨哈林岛开采的石油，专业生产汽车燃料和航空用油，年加工石油 702×10^4 吨石油。

哈巴罗夫斯克石油加工厂主要生产发动机燃料和锅炉燃料，其产品保障了远东和东西伯利亚地区国民经济发展需求，目前该厂年加工石油 435×10^4 吨。

（三）主要港口

在远东的海岸线上，从波谢特港到季克西港分布着 22 个海洋商港，其中 11 个可全年通航。

东方港是俄远东最大的港口之一，位于日本海弗兰格尔湾地区纳霍德卡湾东岸。根据专家的评估，它是俄罗斯最现代化的港口。天然水深 22 米和不冻的水域，使港口能全年接待排水量 15 万吨以下的船舶。港内有 19 个货运码头，码头线长 4.7 千米。港口年吞吐

[①]　资料来源：http://geo.1september.ru/。

能力约为 1800 万吨，拥有完善的仓储设施，2007 年货运总量为 1634.6 万吨，2008 年 11 个月的货运量达到 1371.06 万吨。主要货物为木材、无机肥、甲醇、煤以及各种集装箱，其中煤炭运输占总货运量的 86%，该港发展建设方向是成为功能完善的联系亚太－西欧国家的国际港。[①]

纳霍德卡港坐落在不冻的纳霍德卡湾北部，是俄罗斯在太平洋岸边占主导地位的港口之一。港口可全年通航，通过西伯利亚大铁路与欧俄及西欧相联系。它是国际性港口，可接待世界所有国家的船只。该港共有 22 个码头，总长 3560 米，驳岸深 6～11.5 米。其中 18 个码头（总长 2891 米）是通用的货码头，2 个码头（总长 325 米）是客码头，1 个码头为港口船队自用码头。

纳霍德卡石油港位于纳霍德卡湾西岸，可全年通航。该港是吞吐石油的专业化港口，年吞吐能力为 1000 万吨。港口共有 5 个码头，总长 844 米。1 号和 2 号码头是深水码头，可停靠长 250 米、载货吃水 11.5 米的油轮；3 号和 4 号码头是浅水码头，可停靠长 130 米、吃水 6.8 米的油轮。装燃料码头是为排水量 5000 吨的油轮设立的。此外，港口还有干货码头，长 210 米，驳岸深 8.5 米。[②]

符拉迪沃斯托克港是俄罗斯在太平洋最大的深水港，港口深度超过 30 米，为终年不冻港。它位于日本海西北岸不冻的金角湾（彼得大帝湾）岸边。该港可全年通航，通过西伯利亚大铁路与俄罗斯和西欧的铁路系统相连。符拉迪沃斯托克港分商港和渔港两部分。西伯利亚大铁路延伸至符拉迪沃斯托克港，所有码头都有铁路线与之相连。该港拥有雷达监测设备。港口进行国际化的管理，拥有装

---

① 资料来源：http://ru.wikipedia.org/。

② 资料来源：http://www.odin.tc/found/ports/#。

卸公司、代理公司、发货公司、拖船公司、船舶检验公司等服务性企业。2008 年港口货运总量为 591.48 万吨。[1]

波谢特港位于波谢特湾顶端岸边，是远东不大的可全年通航的港口。仅在最复杂的冰情时期才借助破冰船引航。港口与西伯利亚大铁路相通。该港拥有 3 个专用码头，年吞吐能力为 150 万吨，由波谢特商港股份公司负责运营。该港用于运输铁合金、有色金属、煤炭、水泥、集装箱，主要面向亚太国家，如日本、韩国和中国等。[2]

扎鲁比诺港位于滨海边疆区南部波谢特湾东北部特罗伊察湾西岸。该港地处俄、中、朝三国交界处附近，靠近俄公路和铁路干线，有通向中国、朝鲜的出口。港口对外国船只开放，可全年通航。港口专用于吞吐易腐货物（渔产品）、木材、金属，吞吐能力为 70 万吨。在港口有 4 个码头。未来该港将成为保障中国东北与日本海直接联系的过境运输中心，年吞吐能力将达 400 万～450 万吨。[3]

瓦尼诺港位于哈巴罗夫斯克边疆区境内瓦尼诺湾岸边。该港是俄罗斯十大海港之一，可全年通航。它与西伯利亚大铁路、贝阿干线相通，并与俄统一公路网相连。港口共有 22 个码头，由瓦尼诺海洋商港公司运营，年吞吐能力为 11200 万吨。[4]

彼得罗巴甫洛夫斯克港是俄太平洋沿岸大型港口之一，没有铁路与半岛公路网相接。港口常年运营，冰封季节须由破冰船导航。港口分为商港和渔港两部分。商港有 11 个码头，最深可达 13 米，可装卸并拖集装箱、木材及其他货物。目前商港主要经营近洋货运；

---

[1]　资料来源：http：//ru. wikipedia. org/。

[2]　资料来源：http：//ru. wikipedia. org/。

[3]　资料来源：http：//www. odin. tc/found/ports/#。

[4]　资料来源：http：//ru. wikipedia. org/。

出口货物主要是废旧金属、木材和矿物建材；进口货物有粮食、水泥、冷冻食品。渔港有 13 个码头，用于装卸渔产品、盐、消费物资及石油灌装货物，由彼得罗巴甫洛夫斯克渔港股份公司负责运营。①

马加丹港是俄罗斯远东地区港口，位于堪察加半岛东南部的阿瓦恰斯克湾。该港可全年通行大型船舶，港口分为商港和渔港，共有 8 个码头，其中 1 个石油专用码头和 2 个辅助码头。港口拥有 3.41 万平方米的有棚仓库和 6.48 万平方米的露天仓库，主要货物为石油、煤、饲料、食品、设备、集装箱、锯材、化工产品。②

苏维埃港位于哈巴罗夫斯克边疆区的鞑靼海峡，距离哈巴罗夫斯克 640 千米，是俄罗斯太平洋沿岸的大型港口之一。苏维埃港是贝阿铁路的终点，2008 年宣布为港口经济特区。该港口专业从事木材的货物倒装，主要运往日本、中国、韩国和其他亚太地区。港口年货运总量为 27 万吨。③

总体来说，远东的港口存在几个问题。首先，港口附近的车站亟须改造。远东的几个大海港，如符拉迪沃斯托克、纳霍德卡和瓦尼诺直接与西伯利亚大铁路和贝阿铁路相通，并与港口附近的铁路车站一起构成海陆联运枢纽。但这些铁路车站的过货能力与其服务的港口的通货能力不相匹配，因此必须对这些车站加以改造，扩大其通货能力，这样才能发挥远东在陆海联运方面的优势。其次，港口基础设施落后，亟待改造和更新。在远东诸港中，只有 19% 是专门码头，其中也只有 23% 的港口深度超过 11 米。现代化程度最高的东方港，集装箱码头的深度只有 13 米，不能接待在跨太平洋集装箱运输线上运货的第三代集装箱运输船。港口设备，尤其是传统的吊

---

① 资料来源：http：//ru. wikipedia. org/。
② 资料来源：http：//www. loglink. ru/catalog/card1455。
③ http：//www. dgt. ru/novosti/osobaya – sovetskaya – gavan。

车设备老化严重，平均使用期限已经超过 25 年，必须对其中的 80%
进行更新。最后，远东各港转运石油和煤炭的能力相当有限。在俄
罗斯出口的大量石油中，只有 10% 是通过远东港口转运的。东西伯
利亚和远东地区油气开采量将逐渐增加，据专家估计，2015 年前，
东西伯利亚和萨哈共和国的采油量可达到 2500 万 ~ 4400 万吨，萨哈
林州的开采量也将达到这一水平。这些石油势必要通过远东各港转
运，因此必须拓展远东海港的石油转运能力。[①]

（四）铁路公路建设

东西伯利亚和远东的铁路交通特点不仅在于铁路密度低（每
1000 平方千米铁路长度分别为 2.1 千米和 1.4 千米），而且主要分布
在南部地区。东西伯利亚及远东地区的铁路交通由几个铁路系统组
成：东西伯利亚铁路、远东铁路、外贝加尔铁路、克拉斯诺亚尔斯
克铁路、萨哈林铁路。这些铁路系统构成东西伯利亚及远东地区的
铁路交通网络。公路交通分布不均衡，主要集中在南部地区和萨哈
林岛上，在几条国家级公路的基础上构成公路交通网络。[②]

第二节　俄罗斯能源产量与消费量

虽然东西伯利亚及远东地区油气资源丰富，但所处位置十分偏
远，气候比较恶劣，人烟稀少，基础设施薄弱，因此开采矿产资源
难度较大，开采成本巨大。如果国际市场资源价格较低，则远东地
区的矿产资源会缺乏竞争力。但随着那些储量丰富、相对便于开发
利用的原料产地潜力日趋枯竭和国际油气价格日益提高，东西伯利

---

① 资料来源：http：//www. transrussia. net 和《俄罗斯海港》。

② 资料来源：http：//www. volgometall. ru/info/railroad/和 http：//www. alfatrans. ru/pages。

亚及远东地区资源开发部门的投资吸引力也逐渐增加。

一 俄罗斯能源勘探工业发展

近年来，随着石油价格的上升，俄罗斯石油等能源勘探工业投资不断增加，俄罗斯油气勘探费用从 2001 年的 426 亿卢布，增加到 2007 年的 1702 亿卢布，增加了近 3 倍（见表 3-3）。受金融危机的影响，2008 年以后俄罗斯用于油气物探工作的支出有所减少，到 2009 年俄罗斯预算用于油气地质勘探的支出为 89 亿卢布，较 2008 年支出减少了 12 亿卢布。资源使用者用于油气物探工作的投资约 1011 亿卢布，较 2008 年减少了 26%。[①]

表 3-3 2001~2009 年俄罗斯油气勘探费用

单位：亿卢布

年 份	俄罗斯预算		资源使用者		合 计	
	当年价	2009 年当年价	当年价	2009 年当年价	当年价	2009 年当年价
2001	18	44	154	383	172	426
2002	30	63	320	671	350	734
2003	37	68	442	814	479	881
2004	43	71	467	768	510	839
2005	52	76	610	898	662	974
2006	73	98	954	1266	1027	1364
2007	97	119	1300	1583	1397	1702
2008	101	110	1362	1482	1463	1592
2009	89	89.2	1011	1011.2	1100	1100.2

俄罗斯油气勘探工业主要集中在西伯利亚、远东和大陆架区域，这些区域预算费用达到 60.44 亿卢布，占预算总投资的 67%。

---

① 韩学强：《近 30 年来俄罗斯石油工业发展概述》，《石油科技论坛》2011 年第 1 期，第 42 页。

二 俄罗斯能源产量

在苏联解体之前，石油产量一直处于较高水平，1986～1988 年，石油产量保持在 5.6 亿～5.7 亿吨，占世界石油总产量的 19% 左右。此后由于苏联解体，伴随着经济体制转轨，俄罗斯石油工业也开始进行改革，从 1989 年开始，俄罗斯石油产量大幅度下降，1998 年石油产量降到 3.0 亿吨，仅仅是高峰时期产量的 1/2。整个 20 世纪 90 年代，俄罗斯石油产量维持在 3 亿～4 亿吨，占世界石油总产量的 8%～9%。2000 年以后，随着国际油价的逐渐攀升，俄罗斯经济步入正轨，国家加大了对石油工业的资金投入，俄罗斯石油产量大幅提升，从 2000 年的 3.2 亿吨，增加到 2005 年的 4.7 亿吨。2006 年以后，由于西西伯利亚、伏尔加－乌拉尔等传统开发区资源储备出现枯竭现象，石油产量增长速度较为平稳，从 2006 年的 4.8 亿吨，增加到 2012 年的 5.3 亿吨（见图 3－1）。

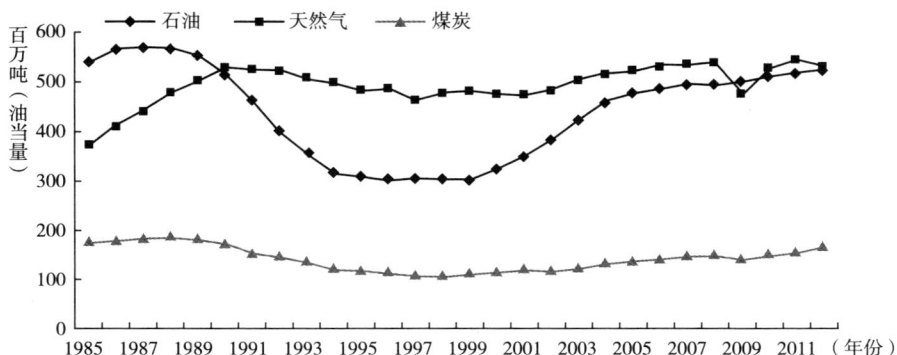

图 3－1 1985～2012 年俄罗斯能源产量

2011 年，俄罗斯原油产量为 5.09 亿吨。老油田的持续减产和新油田投产迟缓等原因造成 2011 年增速有明显下降。2011 年，俄罗斯原油一次加工量为 2.54 亿吨，比 2010 年增长 2.0%，俄罗斯汽油、柴油、煤油和燃料油产量总计 1.8535 亿吨（见表 3-4），其中，除了柴油产量有所下降外，其他成品油产量均略有增加，总产量与上年基本持平。

表 3-4　2011 年俄罗斯原油和成品油产量

品　　种	产量（万吨）	同比变化（%）
原　油	50900	0.8
汽　油	3624.0	0.5
柴　油	6965.3	-1.0
煤　油	909.2	0.3
燃料油	7036.5	0.7

资料来源：俄罗斯能源部。

2008 年，俄罗斯西西伯利亚属于俄罗斯石油开发核心区域，其产量约占全俄石油总产量的 65%；俄罗斯境内欧洲区域的石油产量约占全俄石油总产量的 30%；东西伯利亚、远东地区也属于俄罗斯主要含油气区，产量约占全俄石油总产量的 5%（见表 3-5）。

表 3-5　2008~2009 年俄罗斯区域性石油产量

地　　区	2008 年产量（百万吨）	所占比重（%）	2009 年产量（百万吨）	所占比重（%）	2009 年与 2008 年对比（%）
西西伯利亚	332.5	68.1	322.8	65.3	-2.9
汉特曼西斯克自治区	276.7	56.7	270.4	54.7	-2.3
亚马尔-涅涅茨自治区	40.3	8.3	35.3	7.1	-12.4
托木斯克州	10.5	2.2	10.6	2.1	1.0
新西伯利亚	2.1	0.4	2.1	0.4	0.0
鄂木斯克州	1.5	0.3	1.5	0.3	0.0
秋明州南部	1.4	0.3	2.9	0.6	107.1
欧洲地区	141.6	29.0	148.5	30.1	4.9
乌拉尔	43.3	8.9	45.3	9.2	4.7
滨伏尔加	60	12.3	61.9	12.5	3.2

续表

地　　区	2008 年产量 （百万吨）	所占比重 （%）	2009 年产量 （百万吨）	所占比重 （%）	2009 年与 2008 年 对比（%）
北高加索	10.5	2.2	9.7	2.0	- 7.6
季曼 - 伯朝拉	27.8	5.7	31.6	6.4	13.7
东西伯利亚	1.45	0.3	7.49	1.5	416.6
克拉斯诺亚尔斯克边疆区	0.13	0.0	3.4	0.7	2515.4
伊尔库茨克州	0.54	0.1	1.59	0.3	194.4
萨哈（雅库特）共和国	0.78	0.2	2.5	0.5	220.5
远东地区	12.8	2.6	15.4	3.1	20.3
萨哈林州	12.8	2.6	15.4	3.1	20.3
俄罗斯合计	488.4	100	494.2	100	1.2

近几年来，俄罗斯各油气公司办理了东西伯利亚和远东油气区块勘探开发许可证，并且制定了油气勘探开发规划，使东西伯利亚区域性石油产量有所增加，到 2012 年东西伯利亚区域性石油产量达到 3500 万吨，萨哈林石油产量达到 1410 万吨。①

与石油产量的大幅度波动不同，俄罗斯天然气产量在 1985～1989 年大幅上升之后，基本保持平稳，在 5 亿吨油当量左右小幅浮动。俄罗斯东西伯利亚和远东地区天然气产量迅速增加。其中，东西伯利亚区域性天然气产量 2005 年为 3 亿立方米，2008 年为 6.1 亿立方米，2009 年为 7.3 亿立方米，2012 年为 13.5 亿立方米。由于俄罗斯政府把萨哈林天然气资源开发转向萨哈林大陆架海域，俄罗斯萨哈林天然气产量增长较快，2005 年为 1.6 亿立方米，2008 年达到 9.1 亿立方米，2012 年达到 26.8 亿立方米。②

对于俄罗斯东西伯利亚及远东地区石油和天然气的前景预测，

---

① 韩学强：《俄罗斯东部地区油气开发状况及前景预测》，《石油科技论坛》2011 年第 2 期，第 39 页。

② 韩学强：《俄罗斯东部地区油气开发状况及前景预测》，《石油科技论坛》2011 年第 2 期，第 39 页。

韩学强认为，到 2020 年，石油产量将达到 1.4 亿吨，天然气产量将达到 146 亿立方米；到 2030 年，石油和天然气产量将分别达到 1.5 亿吨和 211 亿立方米。

俄罗斯亚洲管线研究协会对未来天然气产量也进行了预测，在克拉斯诺亚尔斯克边疆区、萨哈共和国、伊尔库茨克州和萨哈林地区已探明和部分可能储量基础上，预测到 2015 年将达到 950 亿~1000 亿立方米，如果陆上和近海地区区域性的地质勘查得到快速发展，能尽快发现大量新气田，东西伯利亚和远东天然气在 2030 年有可能达到 1050 亿~1450 亿立方米（见表 3-6）。

表 3-6　俄罗斯东西伯利亚和远东地区天然气产量预测

单位：十亿立方米

地　　　区		2015 年	2020 年	2025 年	2030 年
I. 东西伯利亚和萨哈共和国总计	保守估计	76.0	78.0	80.0	80.0
	较高估计	80.0	115.0	118.4	120.0
萨哈（雅库特）共和国	保守估计	18.36	18.99	20.32	21.18
	较高估计	20.16	33.50	34.15	36.43
伊尔库茨克州	保守估计	43.9	44.7	44.7	44.3
	较高估计	44.1	54.5	55.4	56.1
克拉斯诺亚尔斯克边疆区（埃文基自治区）	保守估计	13.8	14.3	15.0	14.5
	较高估计	15.8	27.0	28.9	27.4
II. 萨哈林地区	保守估计	22.0	22.0	23.7	25.0
	较高估计	22.0	22.0	23.7	25.0
东西伯利亚和远东总计	保守估计	98.0	99.9	103.8	105.0
	较高估计	102.0	137.0	142.2	145.0

资料来源：俄罗斯亚洲管线研究协会（APRS）。

俄罗斯煤炭产量变化幅度也不大，基本保持在 1 亿~2 亿吨油当量。坎斯克-阿钦斯克煤田位于东西伯利亚的克拉斯诺亚尔斯克边疆区的南部，矿区面积达 5 万平方千米，主要为褐煤，并分布有少量焦煤和硬煤。褐煤地质储量达 6000 亿吨，其中适于露天开采的量达 1500 亿吨，煤层多、厚度大、发热量大，很有发展前景，其煤炭产量达 5000 万吨，主要为露天开采，是俄罗斯开采成本最低的煤田，其所产褐煤适于就近发电，或用于气化和液化。[①]

三　俄罗斯大型油气公司发展

经过经济转轨时期的私有化和公司化改造以及公司购并，俄罗斯目前有 12 家大型一体化石油公司（11 家大型一体化石油公司和俄罗斯天然气工业股份公司）。从 2009 年开始俄罗斯石油公司原油生产和加工量超过鲁克石油公司，生产规模排在第一位，2011 年原油生产和加工量达到约 1.25 亿吨，远远高于鲁克等其他石油公司的原油生产和加工量，秋明－英国石油公司、苏尔古特油气公司分列第三、第四位（见表 3 - 7）。

表 3 - 7　俄罗斯各石油公司原油生产及原油加工情况

单位：万吨

公　司	2000 年	2005 年	2009 年	2010 年	2011 年
俄罗斯石油公司（Rosneft）	1347.3	7441.7	11628.6	12318.6	12518.6
鲁克石油公司（Lukoil）	6217.8	8781.3	9217.9	9007.9	8528
秋明－英国石油公司（TNK - BP）	3924.3	7534.7	7023.6	7193.6	7293.6
苏尔古特油气公司（Surgutneftegas）	4062.1	6385.8	5963.4	—	6063
天然气工业石油公司（Gasprom）	1632.2	3398.4	3077.5	—	—
鞑靼石油公司（Tatneft）	2433.7	2533.2	2610.7	—	—
巴什基尔石油公司（Bashneft）	1194.1	1193.4	1223.4	—	1323
天然气工业股份公司（Gasprom）	1001	1278.8	1204.2	—	—
斯拉夫石油公司（Slavneft）	1226.7	2416.2	1889.4	—	—
卢斯石油公司（Russneft）	0	1218.1	1268.8	—	—
其他公司	9195.5	4911.4	4404.8	—	—
俄罗斯合计	32322.4	46998.6	49422.8	50500	50900

资料来源：俄罗斯经济发展部。

①　资料来源于俄罗斯能源部。

四 俄罗斯能源消费量

俄罗斯是能源生产大国，也是能源消费大国。能源消费量仅次于美国和中国，居世界第三位，2012年达到6.9亿吨油当量，占世界能源消费总量的5.8%。俄罗斯能源消费结构主要以天然气为主，目前天然气消费量所占份额大约为54%，其原因除了俄罗斯国内具有丰富的天然气资源之外，还与俄罗斯国内实行的能源价格体制有关，俄罗斯国内的天然气价格比石油和煤炭低很多，使天然气消费量一直保持很高的水平。石油消费量近几年一直保持稳定，2012年约为1.5亿吨，只有1991年消费量的61%（见表3-8）。

表3-8　1991~2012年俄罗斯能源消费量

年　份	石油 （百万吨）	天然气 （十亿立方米）	煤炭 （百万吨油当量）	核能 （TWh）	水力发电 （TWh）
1991	243.4	431.1	165.6	120	168.1
2000	123.5	354	105.2	130.5	165.3
2005	121.9	400.3	94.2	147.6	174.9
2010	147.6	414.1	93.8	170.3	168.3
2012	147.5	416.2	93.9	178.2	167.0

虽然俄罗斯潜在能源资源大部分分布在西伯利亚和远东地区，但对俄罗斯东部地区能源消费的分析也十分重要。APRS对俄罗斯东部地区的天然气消费预测认为，俄罗斯天然气的主要消费者是电力厂、锅炉厂、工业和商业住宅部门。综合各方面的因素考虑，2020年东西伯利亚地区合理的天然气需求为160亿~170亿立方米，远东地区为180亿~190亿立方米（见表3-9）。另外，对俄罗斯东部地区天然气的价格预测明显低于其他国家和地区，因此在国际天然气市场，俄罗斯将具有很强的竞争优势。

表 3-9 东西伯利亚和远东地区天然气消费预测

单位：十亿立方米

地　区	年　份	
	2015	2020
I. 东西伯利亚总计	13.0	16.2
克拉斯诺亚尔斯克边疆区	9.0	10.2
伊库尔茨克州	3.0	4.2
布里亚特共和国	0.7	1.1
其他地区	0.3	0.7
II. 远东总计	8.9	18.2
萨哈林地区	2.5	7.5
哈巴罗夫斯克边疆区	3.0	4.7
滨海边疆区	—	1.9
阿穆尔州	—	0.4
萨哈（雅库特）共和国	2.6	2.8
勘察加州	0.8	0.9
东西伯利亚和远东总计	21.9	34.4

资料来源：APRS 的统计资料。

五　俄罗斯核能发展

俄罗斯 1986 年发生切尔诺贝利核电站事故后，核电站的新建项目一度中止，后来渐渐开始积极推进，2001 年新的核电站开始运行。截至 2010 年有 32 个机组正在运转，11 个机组正在建设中。

俄罗斯政府的目标是在 2030 年之前，将核电在总发电量中所占的比例扩大到 25%。在 2006 年 7 月发布的联邦特别计划 "2007 年到 2010 年俄罗斯原子能工业联合体的发展及 2015 年的展望" 中，计划从 2013 年起每年开始 200 万千瓦以上的运转。2006 年 1 月，普京总统提出成立提供核燃料循环利用服务的 "国际中心" 的构想。该构想以非歧视性的合理的商业条件，给那些放弃自己拥有铀浓缩及后处理相关的设施和敏感技术的国家，提供了浓缩及后处理服务。2010 年 3 月，该国际核燃料银行计划得到国际原子能机构的同意。

俄罗斯国内原子能产业的重组也在进行。2007 年 1 月，俄罗斯国家杜马（下院）和联邦委员会（上院）分别通过了旨在对俄罗斯国家核工业进行重组的法案，即《关于核能利用领域单位财产及股份管理与支配的特点以及对俄罗斯联邦个别法规的修订》。2007 年 2 月，俄罗斯总统普京签署了该项法案。[①] 2007 年 2 月，总统普京提出的"改革核电部门，促进其发展"的法律（《核能发电部门重组法》）获俄罗斯国家杜马通过。根据该法，俄罗斯在 2007 年 7 月设立了国家完全掌握管理权的控股公司——俄罗斯原子能工业股份有限公司（Atomenergoprom），负责俄罗斯铀矿勘探和开采、燃料加工、发电、国内外原子炉建设等民用核能的利用。

第三节 俄罗斯能源贸易与外商投资

一 俄罗斯能源贸易

俄罗斯在世界石油出口中排名第二位，仅次于沙特阿拉伯。20 世纪 90 年代俄罗斯石油出口由于改革出现下滑，2000 年以后，俄罗斯原油出口随着国际石油价格的大幅上升而增加，出口量由 2000 年的 1.45 亿吨增长到 2005 年的 2.53 亿吨，增长近一倍，出口收入达到了约 792 亿美元。此后受国际金融危机的影响，原油出口有所减少，2010 年下降到 2.34 亿吨，但随着经济复苏，2012 年恢复到 2.4 亿吨的水平。成品油出口一直保持增长趋势，没有像原油那样有所

---

① 伍浩松：《俄罗斯总统普京签署重组核工业的法案》，《国外核新闻》2007 年第 2 期，第 10 页。

波动，到 2012 年达到 1.38 亿吨（见表 3 – 10）。在俄罗斯原油和成品油出口中，最大的份额仍然被荷兰、波兰、意大利、德国和英国等欧洲国家占据，其占俄罗斯石油出口总量的 85% ~ 95%。另外，乌克兰等独联体国家也是俄罗斯主要的出口对象，近年来俄罗斯还扩大了对亚洲国家的出口量。

俄罗斯天然气出口与原油变化规律一致。俄罗斯是全球最大的天然气出口国，2010 年下降为 1683 亿立方米，出口收入为 4.35 亿美元。2012 年重新恢复增长。俄罗斯天然气主要的销售市场同样是欧洲和独联体国家，德国、意大利和土耳其等欧洲国家的份额占 70% 以上，俄罗斯出口的天然气在独联体国家中也占有绝对优势地位。

表 3 – 10　1990 ~ 2012 年俄罗斯油气出口量及出口收入

	1990 年	1995 年	2000 年	2005 年	2010 年	2012 年
原油						
出口总量（百万吨）	220	122	145	253	234	240
向非独联体国家的出口量（百万吨）	100	96	128	214	224	—
向独联体国家的出口量（百万吨）	121	26	17	38	10	—
出口收入（百万美元）		12297	25284	79216	129000	180900
成品油						
出口总量（百万吨）	51	47	62	97	131	138
向非独联体国家的出口量（百万吨）	35	44	58	93	127	—
向独联体国家的出口量（百万吨）	16	4	4	4	4	—
出口收入（百万美元）		4108	10938	33650	69400	103400
天然气						
出口总量（亿立方米）	2650	1930	2291	1999	1683	1787
向非独联体国家的出口量（亿立方米）	1240	1105	1510	1525	1203	—
向独联体国家的出口量（亿立方米）	1410	825	781	766	480	—
出口收入（百万美元）		134	166	304	435	630

资料来源：俄罗斯经济发展部和海关统计。

二 外国企业投资俄罗斯石油天然气概况

根据俄罗斯联邦国家统计局数据，2012 年有 1545.7 亿美元外资进入俄罗斯经济，比 2011 年同期下降 18.9%。其中，直接投资为 186.66 亿美元，所占比重为 12.1%，较 2011 年同期增长 1.4%；证券投资为 18.16 亿美元，所占比重为 1.2%，较 2011 年同期增长 130%；其他投资（各种贷款）为 1340.88 亿美元，所占比重为 86.7%，比 2011 年同期下降 21.8%（见表 3－11）。

表 3－11 自 2004 年起俄罗斯经济外资结构

年份	外资金额（百万美元）				较上年增长（%）			
	总计	直接投资	证券投资	其他投资（各种贷款）	总计	直接投资	证券投资	其他投资（各种贷款）
2004	40509	9420	333	30756	136.4	138.9	83.0	136.6
2006	55109	13678	3182	38249	102.7	104.6	700.0	95.3
2008	103769	27027	1415	75327	85.8	97.2	33.7	84.7
2012	154570	18666	1816	134088	81.1	101.4	230.0	78.2

说明：表格是在俄罗斯联邦国家统计局官方网站公布的数据基础上制定。援引自 http://www.gks.ru/。

从表 3－11 中可以看出外资进入结构有以下形式。一是直接投资（战略投资）。根据《俄联邦外国投资法》规定，外国投资者在俄联邦境内获得以公司形式成立的或重新成立的商业组织注册资本（合股资本）10% 以上股份（投资）；外国投资者对法人分支机构固定资产的投资；外国投资者出租海关估价不少于 100 万卢布的设备。总的来说，外国直接投资就是提供参与公司管理权力的投资。二是证券投资。资金投在有价证券上，靠有价证券价值的增长来获得收益和/或红利。其中，有价证券投资包括不超过企业股金总额的 10%，以使投资者不具有对企业施加影响权力的股票；资金投在私人企业或者国家发行的债券、期票和其他有价证券上。有价证券投资可能带有投机性质，可能突然撤走并给经济带来负面影响。大部分情况下有价证券投资在自由流通的集团公司和国家发行的有价证券市场上运作，同时可作为直接投资转成长期投资。三是由私人投资者、国家投资机构和信贷机构（主要是银行）发放的商业和其他贷款。①

从外资国家分布看，对俄罗斯投资的主要国家有塞浦路斯、荷兰、英国等（见表 3 - 12）。

表 3 - 12　对俄罗斯投资的主要国家及投资额

	截至 2012 年底		其　　中			2012 年当年对俄罗斯投资额（百万美元）
	总额（百万美元）	占比（%）	直接投资（百万美元）	证券投资（百万美元）	其他投资（百万美元）	
塞浦路斯	76739	21.2	52769	1795	22175	16455
荷　　兰	61490	17.0	21248	64	40178	21126
卢森堡	42774	11.8	1285	261	41228	11523
中　　国	27922	7.7	1460	4	26458	740
英　　国	26677	7.4	3315	3059	20303	13490
德　　国	24913	6.9	11388	12	13513	7202
爱　尔　兰	14310	3.9	281	1	14028	4671
维尔京群岛	12506	3.5	8357	1794	2355	3501
日　　本	10779	3.0	1239	6	9534	1135
法　　国	9820	2.7	3260	30	6530	4193
吸引总投资	362366	100	136018	8716	217632	154570

说明：表格是在俄罗斯联邦国家统计局官方网站公布的数据基础上制定。援引自 http://www.gks.ru/。

2009 年上半年矿产开采投资为 37.04 亿美元，其中 21.38 亿美元为开采原油和天然气。同期的燃料能源矿产开采投资为 23.99 亿

---

① 科尔如巴耶夫·А. Г.、菲力莫诺瓦·И. В.、埃德尔·Л. В.：《俄罗斯石油天然气工业中外国公司活动特点》，第 1 页。

美元，其中开采原油和天然气以及这些领域提供的服务投资为 23.09 亿美元（见表 3 – 13）。

表 3 – 13 燃料能源矿产的开采外资

单位：百万美元

	2006 年上半年	2007 年上半年	2008 年上半年	2009 年上半年
燃料能源矿产开采	5377	12125	3756	2399
原油和天然气开采以及这些领域提供的服务	5281	11984	3240	2309
原油和石油（伴生的）天然气开采；石油（伴生的）天然气馏分提取	5206	2615	2828	2114
天然气和液化气开采	2	3	31	3

资料来源：俄罗斯联邦国家统计局中央数据统计基地 CA 部。

可见，外资结构中燃料能源矿产开采外资的 88.1% 是原油开采。2009 年上半年燃料能源矿产开采外资份额占总外资的 7.5%，2008 年燃料能源矿产开采外资份额占总外资的 9.5%，而 2004 年份额达到 21.6%。俄罗斯石油天然气领域的外资下降是因世界金融危机，以及 2008 年 4 月 29 日实施的《俄联邦战略投资法》，这在很大程度上阻碍了外国投资者进入俄罗斯石油天然气商业领域。

2005 ~ 2010 年，俄罗斯东西伯利亚油气勘探计划投资 203 亿卢布，实际完成投资 336 亿卢布，其投资一半来自国家，另一半来自持有资源勘探开发许可证的公司。

总体来看，外国投资者对燃料能源矿产开采的投资兴趣仍然未减。自 2008 年 7 月至 2009 年第一季度末共有 20 家外国公司向外资监督委员会提交收购石油天然气战略企业的申请。在俄罗斯燃料能源矿产开采其他投资中，2009 年上半年日本投资 5.86 亿美元，占燃料能源矿产总投资的 24.4%。荷兰和塞浦路斯的投资分别占直接投资的84.1%和23.2%。俄罗斯来自塞浦路斯、卢森堡、荷兰和英国的投资大部分是由先前把资金带出国的俄罗斯企业主来实现的。在向外资监管委员会递交的申请中，有12～14份申请来自与俄罗斯企业主没有关联的外国投资者。[①]

第四节 俄罗斯资源领域吸引外资的政策法规及合作模式

一 资源领域基本法律规定

俄罗斯资源领域的外国投资是以下主要法律进行调整的。

1999年7月，新的《俄罗斯联邦外国投资法》出台，该法是对外国在俄罗斯的投资进行规范的法律，它给外国投资提供了法律基础和依据。2003年3月和7月及2003年12月又进行了多次修正。该法明确规定：外资经营活动受俄罗斯国家法律保护，在俄罗斯可以进行任何合法的投资活动，有权购买有价证券、自然资源、房屋、建筑物以及其他不动产，参与俄罗斯私有化进程，并享有法律提供的各种优惠；俄罗斯政府保障外资重点项目在投资期内免受政策法令变更的影响；外资的权利与义务可以向第三方转让；其财产不被非法没收、征用和国有化，因特殊原因发生上述情况，俄罗斯政府必须给予赔偿；外资依法纳税后，可以自由支配其收入（利润、股息、利息等），包括将收入汇出境外；外资在俄罗斯境内发生争议和诉讼时将得到公正待遇，其有权将投资带入的资产、资料带出俄境内。《俄罗斯联邦外国投资法》提出为外国投资者在投资、企业经营活动条件和收入利润等方面提供基本保障，还规定了外资享有与内资几乎相当的权利，外商不仅可以在俄罗斯进行法律不予禁止的任

---

① 国家专业期刊《石油天然气杂志》评论。

何投资活动，而且在投资经营和所得利润方面，外国投资者享受的优惠也不低于俄国内投资者。① 该投资法的出台，为俄罗斯加强对外国投资者合法权益的保护和吸收并有效利用外国资金、先进技术及管理经验提供了法律保障。同时，保障了外国投资者经营条件的稳定性并使外国投资法律制度符合国际法准则及投资合作国际惯例。②

1992 年 2 月，俄罗斯出台了《矿产资源法》，它是俄罗斯管制油气等地下资源、调节俄罗斯联邦境内所有油气活动的主要法律，明确规定了俄罗斯境内的油气等矿产资源的所属问题，以及使用者和国家主管部门的权利和义务。后来俄罗斯对《矿产资源法》进行修改和补充。从新的《矿产资源法》中加入的修改内容可以看出，俄罗斯中央权力部门的主要意图是加大对东西伯利亚地区油气资源的开发力度。新《矿产资源法》是一部调节国内外投资者在俄罗斯境内投资寻找、勘探和开采矿产资源及有关活动的联邦法。该法为外国企业参与俄罗斯矿产资源勘探开发提供了新的契机，同时也为世界能源市场提供稳定商品来源带来福音。该法规定的"透明许可"原则的实施，改变了俄罗斯石油和天然气资源储备日益减少的不利局面。对于俄罗斯能源领域的投资者来说，该法明确规定了国家与开发商之间的责权划分，以签订法律合同为基础，最大限度确保开发商的权利。这样，俄罗斯对该领域的干预能力将逐步减弱，为投资者提供更为优惠的保障条件。俄罗斯的资源开发政策正在面临着重大调整，国家对资源勘探生产使用的监管力度将大大加强，勘探规模将扩大，一些矿产资源的开采规模将缩小，俄罗斯更多企业将走出国门，大力开发利用境外资源，外资进入俄罗斯境内资源开发

---

① 资料来源于《俄罗斯联邦外国投资法》。

② 庄岚、黄运良、侯磊：《俄罗斯外商投资法解析》，《大陆桥视野》2006 年第 6 期，第 56 页。

领域的困难将越来越大。也就是说，俄罗斯对资源开发领域的外资实行内外有别的准入政策。[①]

另外，相关法律还有《产品分成协议法》《自然垄断法》《大陆架法》《俄罗斯联邦天然气出口法》等。

目前，俄罗斯对外国公司参与国内石油天然气开采的范围逐渐放宽，但要根据具体情况提交一系列的文件、信息和资料。

二　相关赋税

外国投资人在决定进入石油天然气领域时，必须考虑到外国资本参与的不同形式会受到特殊的税收待遇。确定在俄罗斯联邦领土上从事经济活动的组织应缴赋税的基本文件是《俄罗斯联邦税法》。[②]

俄罗斯联邦于1991年底颁布了一整套税法，包括《利润税法》、《增值税法》和《消费税法》等。当时规定联邦税和地方税共有46种，在以后的几年中，各级政府根据自身的需要，一度将各种税、费增加到近200种。2000年8月俄罗斯联邦政府通过了《俄罗斯联邦税收法典》第一部分和第二部分的修订案。新的《俄罗斯联邦税收法典》修改的基本方向是减轻税负、简化税制、扩大税基、强化税收征管、改善中央和地方的财政关系、提高征税体系的效率。新《俄罗斯联邦税收法典》规定，税种数量减少至28种；实行三级税制，分别为联邦税（16种）、地区税（7种）、地方税（5种）。骨干税种为增值税、消费税、企业利润税、个人所得税和自然资源使用税等。为适应经济全球化形势，俄罗斯2006年开始实施新的《利润税法》。在《俄罗斯联邦税收法典》中值得注意的是第二部分第26章的

---

① 资料来源于俄罗斯《矿产资源法》。
② 资料来源于《俄罗斯联邦税收法典》。

"矿产资源开采税"部分,它代替了原矿产资源使用税和矿产资源基地再生产税,奠定了俄罗斯有关矿产资源开采的税收基础性法规。矿产资源开采税规定了纳税客体、纳税税基、纳税税率等。

俄罗斯赋税范围由以下税收组成:赢利税(16%~20%)、增值税、矿产资源开采税(根据23种矿产分别加以规定,从3.8%到16.5%不等)、矿产资源利用费、其他集团税和海关支付。

石油天然气公司要取得地区级税收优惠和扣除,使用的方式主要有两种:一是和地方政府签订战略合作协议;二是参与产量分成协议方案,但由于目前俄罗斯认为产品分成协议对其不利,限制了产品分成协议投资方式的生存和发展空间。

1993年俄罗斯颁布《海关税则法》,根据该法,所有通过俄罗斯海关的货物,都要依法缴纳关税。进口关税一般实行从价税,税率从0%到30%不等,出口关税一般对石油及其制品、天然气、有色金属及其制品等征收,税率一般为5%~6.5%,最高税率为30%。2004年出台了《海关法》,旨在进一步简化海关监管手续,提高通关效率,杜绝腐败等。

三 外国投资者参与俄罗斯油气领域的主要形式

收购俄罗斯大型垂直一体化公司股份。这样的交易通常涉及国家的战略和政治利益,需要由国家和政府来进行谈判。典型代表是秋明－英国石油公司(THK－BP)。该公司是2003年在对等原则的基础上由英国的AAR财团通过收购俄罗斯秋明石油公司(THK)50%的股份成立的,通过签署协议创建秋明－英国石油公司(THK－BP)。①

---

① 〔俄〕E. A. 伊万诺夫:《具有联邦意义的矿产资源区域外国投资——几点看法》,《石油、天然气和法律》2009年第2期。

与俄罗斯企业建立合资企业或者合作伙伴关系。外国资本通过与俄罗斯企业建立合资企业和财团来参与俄罗斯石油天然气生意。典型代表是极地之光，是俄罗斯石油公司与美国康菲组成的合资企业。

根据产品分成协议进行合作。目前在俄罗斯有三个根据"产量分成协议"实施的外资项目，分别是萨哈林－1号、萨哈林－2号和哈里亚金斯克项目。

参与小型石油企业的收购和融资。外国投资人积极收购那些没有加入大型垂直一体化石油公司的俄罗斯小企业，并为了开发小型石油天然气田的项目，在俄罗斯注册法人。其中匈牙利的 MOL Group 集团在俄罗斯完成的三个项目中的两个是100％独资。

参与承包工程和签订服务合同。大型的外国和跨国服务、建设及油气公司通过参与工程承包和提供服务的方式，加入俄罗斯石油天然气公司油气综合体项目。其中，Schlumberger 是第一个在西西伯利亚石油产地完成地质物理研究的服务公司。该公司在各个石油开采区域工作，并拥有50个生产基地、科研中心以及自己的生产设备。客户包俄罗斯天然气公司、鲁克石油公司等。

虚拟投资。俄罗斯公司为达到赋税最小化目的在境外注册，在俄罗斯油气综合体实现经营活动。

第五节　金融危机给俄罗斯能源产业带来的影响

2008年全球金融危机蔓延，国际油价从原来每桶147美元下跌到40多美元，受此影响，俄罗斯的经济形势出现了复杂的局面，不仅金融领域受到冲击，实体经济也受到了严重影响。第一，俄罗斯经济陷入滞胀。2008年全年国内生产总值只增长了5.6％，低于预期1.1个百分点；工业生产只增长了2.1％，低于预期3.6个百分点；通货膨胀率高达 13.3%，超过 11.8% 的全年预期值。① 第二，由于股市暴跌和大量的负债企业无力偿还债务，俄罗斯商业银行资产大幅缩水，呆账和坏账大量增加，多家银行破产，引发金融市场动荡。第三，俄罗斯出现了资本外逃、外汇储备缩水等问题。据俄罗斯中央银行初步统计，2008 年俄罗斯资金净流出 1299 亿美元，创历史最高纪录。随着外资纷纷撤离俄罗斯，卢布汇率出现下跌，外汇储备大幅缩水。截至 2009 年 2 月，外汇储备已降至 3819 亿美元，比 2008 年 8 月最高值整整减少了 2162 亿美元，下降幅度超过 36%。② 第四，企业经营困难，使得一些公司被迫裁员。这导致俄罗斯失业率上升。俄罗斯国家统计局 2009 年 2 月中旬发布的报告称，2009 年 1 月俄罗斯失业率为 8.1%，失业人口数达到 610 万，同比增加 23.1%，环比增加 5.2%，其中登记失业人口数为 170 万。第五，贸易顺差大幅度下降。据俄罗斯海关统计，受石油价格大幅下降和石油出口减少的影响，2008 年第四季度俄罗斯外贸规模急剧萎缩，对外贸易同比下降 4.6%。2009 年 1 ~ 2 月，俄罗斯外贸总额为 628 亿美元，同比下降了 41.7%；出口额为 390 亿美元，下降了 44.5%；进口额为 238 亿美元，下降了 33.3%。外贸顺差为 152 亿美元，下降了 54.5%。由于外贸大幅度下降，2009 年前两个月俄罗斯海关关税收入同比减少了 36%。

作为俄罗斯的支柱产业，石油天然气行业在金融危机中也受到重大影响，俄罗斯各大石油公司的市值急剧下跌。截至 2008 年 11 月，俄罗斯石油公司股价下跌 85%，鲁克石油公司股价下跌 70%，苏尔古特油气公司股价下跌了 50%，俄罗斯天然气工业股份公司股价下跌了 72%。价格暴跌使得对油气行业的投资急剧减少，2008 年

---

① Федеральная Служба Государственной Статистики Краткосрочные Экономические Показатели Российской Федерации 2008.

② http：//www.cbr.ru/print.asp? file =/statistics/credit_ statistics/inter_ res_ 08. htm.

9 月以来，对该部门的投资已减少 20% ~ 30%。国家对能源的地质勘探工作已暂停，2009 年 1 月俄罗斯石油开采量同比下降 3.6%，2月份下降 6%。随着市值下降和投资减少，俄罗斯能源业和矿业企业陷入债务困境。据俄罗斯央行统计，截至 2009 年初，俄罗斯石油公司的外债水平为 230 亿美元。俄罗斯天然气工业股份公司公布的2008 年前三季度报表显示，该公司的债务总额约为 530 亿美元，其中短期债务约 480 亿美元。俄罗斯国家石油管道运输公司 2008 年上半年的负债水平约为 85 亿美元。①

　　同时，金融危机使远东地区矿山开采企业的融资成本和难度加大，一些矿山开采企业投资计划被搁置，影响矿山开采业的发展。远东地区现有本地金融信贷机构 38 家，外地银行分支机构 160 家。在目前宏观经济持续恶化、投资风险加大、通胀不断加剧、卢布持续贬值的压力下，远东各银行都提高贷款门槛，不少银行干脆停止对矿产、林业等行业的贷款。近期融资成本和难度加大使得前些年靠贷款积极扩大投资的企业陷入困境，一些矿山开采企业被迫停产，很多开采项目停滞。

　　金融危机导致俄罗斯石油出口急剧减少，在能源领域的投资也被削减，俄罗斯政府在油气领域采取了多项措施。一是下调石油出口关税，减轻企业赋税。由于石油出口关税始终超过石油出口收入的 50%，矿产开采税税率达到 16.5%，这种税收水平使得能源企业在金融危机时期经营更加困难。为鼓励石油出口，从 2008 年 9 月开始，俄罗斯政府几次下调石油关税，到 2008 年 12 月，俄罗斯石油出口关税由原来每吨 495 美元下调至 192.1 美元，② 2009 年 1 月 1 日

---

① 见 www. rosneft. ru、www. gazprom. ru 和 www. transneft. ru 网站发布的公司报告。
② 卢敬利：《普京说俄罗斯应在影响世界油价方面发挥更大作用》，2008 年 11 月 11 日，http://PPbig5. xinhuanet. com/gate/big5/news. xinhuanet. com。

起又将石油出口关税下调为每吨 119.1 美元。另外，石油的矿产税起征点也从每桶 9 美元上调至 15 美元，对一些重要石油产区的开发实行税收减免。二是为帮助能源企业渡过危机，俄罗斯政府在多次降低石油出口关税之后，又承诺向天然气工业股份公司、俄罗斯石油公司、鲁克石油公司和秋明－英国石油公司拨款 90 亿美元，用于偿还外债，这四大油气公司的开采量占全俄石油开采总量的 70%、天然气开采总量的 90%。同时，俄罗斯联邦能源部也紧急制定政策建议，敦促政府向涉及国计民生的石油、电力等大型企业提供特殊支持，确保其获得足够的流动性，必要时予以直接的财政支持。①

尽管金融危机重创俄罗斯经济，但由于东部开发对于促进俄罗斯经济长期增长、保证油气产业的持续发展、实施亚太战略具有重要意义，因此俄罗斯政府开发远东的决心并没有动摇。② 由于俄罗斯油气行业存在石油勘探开采条件恶化、采油设备老化等问题，需要投入大量的资金。在国际金融危机的冲击下，俄罗斯外资大量撤出，股市大幅下跌，几大石油公司陷入债务危机，俄罗斯油气行业发展面临更加严峻的挑战。俄罗斯需要大量资金注入，以稳定国家金融形势，减少对实体经济的严重影响，特别是缓解大型石油、天然气公司的资金短缺困境。同时，中国能源需求旺盛，需要扩大能源贸易和加强境外合作，以保证能源安全。在金融危机时期，我国表现出了强大的经济实力，因此，俄罗斯东部开发更需要通过向中国的银行融资，缓解企业资金压力。这次金融危机也为推动中俄能源合作创造了契机。2008 年 10 月，中俄双方签署《关于在石油领域合作的谅解备忘录》，按照协议，中方分别向俄罗斯国家石油公司和俄

---

① МАКАРКИН А. Нефть，ценыиполитика. Нефть и Капитал，2008 年第 9 期。
② 朱显平、李天籽：《新形势下中国东北振兴战略同俄罗斯东部发展战略的互动合作》，《东北亚论坛》2009 年第 4 期。

罗斯石油管道运输公司提供 150 亿美元和 100 亿美元贷款。同时，双方还商定将签署长期原油贸易合同、中俄原油管道建设与运营协议等一揽子扩大中俄油气合作规模的文件。经过多轮商务谈判，2009 年 2 月，在中俄副总理级能源谈判机制第三次能源对话的推动下，中国国家开发银行分别与俄罗斯国家石油公司和俄罗斯石油管道运输公司签署了贷款协议；中国石油与俄罗斯石油管道运输公司签署了从俄罗斯斯科沃罗季诺至中俄边界管道的建设和运营协议；中国石油与俄罗斯国家石油公司和俄罗斯石油管道运输公司分别签署了开展长期原油贸易的协议。

第六节 蒙古国能源资源开发利用与对外能源合作

一 蒙古国能源供给

蒙古国的能源矿产中，煤炭比较丰富。蒙古国探明煤炭储量约为 1624 亿吨，煤炭资源分布在全国各地，煤矿点按经济区划分，中央经济区有 13 处，储量为 265.3 亿吨，占全国总储量的 16.3%；山林经济区有 13 处，储量为 77 亿吨，占全国总储量的 4.7%；戈壁经济区有 20 处，储量为 497.9 亿吨，占全国总储量的 30.7%；西部经济区有 23 处，储量为 271.6 亿吨，占全国总储量的 16.7%；东部经济区有 16 处，储量为 511.7 亿吨，占全国总储量的 31.5%。其中，褐煤主要分布在中部和东部地区，烟煤分布在中部和西部地区。已探明储量的煤炭 90% 以上分布在中部地区。焦煤集中在南部戈壁地区，在南部的塔本陶勒盖煤田，预计高品质原煤的蕴藏量在 6 亿吨左右。[1]

---

[1] 刘传鹏等：《蒙古国东戈壁盆地宗巴音凹陷油气资源评价》，《油气地质与采收率》2009 年第 1 期，第 38 页。

蒙古国石油资源丰裕的地区主要是东戈壁省、东方省、中央省等地区，这里有十多个大型的油田。相比较而言，蒙古国现有的石油资源并不多，但有些专家从地质的角度预测在蒙古国东部的朱温巴彦和查干埃尔斯等地区大约有 4 亿吨的石油远景储量。

另外，蒙古国其他矿产资源也较为丰富，主要有铜、钼、金、银、铀、铅、锌、稀土、铁、萤石、磷等 80 多种。其中铁有 20 亿吨，磷有 2 亿吨，萤石约 800 万吨，铜有 800 万吨，钼有 24 万吨，锌有 6 万吨，铀有 6.2 万吨，银有 7000 吨，金有 3000 吨。2009 年，蒙古国有 4097 个特殊勘探许可证和 1114 个加工许可证。这些矿产品覆盖 4650 万公顷面积，占蒙古国领土的 30%。2009 年，被登记的蒙古国国家矿产资源有 80 种矿物的 1170 个矿床。

在登记的蒙古国家矿产资源中，共有 12 种矿产类型（金、银、铜、钼、铀、铁、锌、铅、钨、氟、磷、褐煤），43 个矿床分布在中部地区，35 个矿床分布在西部地区，67 个矿床分布在东部地区，59 个矿床分布在南部地区。图 3-14 是蒙古国战略矿产资源储备及地区分布。

表 3-14　蒙古国战略矿产资源储备及地区分布

	地　区	矿床名称	类　型	储备及资源
1		Baganuur	褐煤	6 亿吨
2	中　央	Tumurtei	铁矿	2.293 亿吨
3		Erdenet	铜，钼	1.2 亿吨
4		Boroo	金	24500 吨
5		Mardai	铀	110 万吨
6	东　部	Dornod	铀	2890 万吨
7		Gurvan bulag	铀	1610 万吨
8		Tumurtein ovoo	锌，铅	770 万吨

续表

	地　区	矿床名称	类　型	储备及资源
9		Tavan tolgoi	化石煤	6.4 亿吨
10		Nariin - sukhait	化石煤	1.255 亿吨
11	戈　壁	Shivee ovoo	褐煤	6.462 亿吨
12		Oyu tolgoi	铜，钼	2630 万吨铜，819 吨金
13		Tsagaan suvarga	铜，钼	2.507 亿吨
14	山　区	Burenkhaan	磷	1.922 亿吨
15	西　部	Asgat	银	640 万吨

资料来源：蒙古国的矿产资源和能源部。

矿产业是蒙古国的支柱行业，2005 年以来，采矿行业占蒙古国内生产总值的比重最高为 30%，目前保持为 20% 左右；采矿业在工业总产值中的比重基本在 60% 左右（见表 3 - 15）。

表 3 - 15　2005 ~ 2011 年采矿业在蒙古国经济和工业中所占份额

单位:%

年　度	2005	2006	2007	2008	2009	2010	2011
在国内生产总值中	22.1	30.0	29.5	20.6	19.8	23.6	21.7
在工业总产值中	66.3	69.9	63.4	56.4	62.7	62.1	60.7

资料来源：蒙古国国家统计局。

目前，在蒙古国进行矿产资源开采加工的企业超过 230 个，其中从事铜和钼的开采加工的企业有 2 个，金有 103 个，煤有 38 个，锌有 1 个，复合金属有 3 个，钨有 5 个，铅有 2 个，铁有 9 个，氟化物有 24 个，建筑材料有 42 个。表 3 - 16 是蒙古国矿业生产的主要商品及产量。

表 3 - 16　蒙古国矿业生产的主要商品及产量

商　品	2006 年	2007 年	2008 年	2009 年	2010 年	2011 年
原油（千桶）	376.5	850.2	1174.2	1870.0	2181.4	2548.9
煤（万吨）	8074.1	9237.6	10071.9	14442.1	25161.9	32029.7

商 品	2006 年	2007 年	2008 年	2009 年	2010 年	2011 年
35%的铜精矿（万吨）	370.5	371.9	362.3	370.9	357.1	347.4
47%的钼精矿（吨）	2987.0	4209.1	4042.0	5125.0	4677.1	4163.1
萤石精矿（万吨）	137.6	131.8	142.9	115.3	140.7	116.4
金（千克）	22561.3	17472.5	15183.8	9803.3	6037.1	5702.6
锌精矿（万吨）	109.9	154.7	143.6	141.5	112.6	104.7

资料来源：蒙古国国家统计局。

二 蒙古国能源贸易与对外能源合作

蒙古国出口产品中矿产品占据大部分份额。2000 年矿产品占出口总额的比重为 35.2%，2005 年为 42.7%，2011 年增加至 89.2%，出口额达到 44.09 亿美元。

在中断了 20 年之后，蒙古国在 20 世纪 90 年代又重新开始石油勘探和开采。与英国、美国、俄罗斯、中国、澳大利亚等国的石油公司的合作也不断增加，90 年代末，蒙古国在石油项目中引进外资 8000 万美元，其他矿产开发中引进外资 3280 万美元。其中，中国石油大庆塔木察格有限责任公司对蒙古国的总投资额约为 1 亿美元，是在蒙古国投资的较大公司之一。虽然蒙古国能够出口一定的原油，但由于其国内炼油能力有限，成品油基本依赖进口。成品油进口额占蒙古国进口总额的比重在 2003 年达到 18.46%，2004 年以后蒙古国成品油的进口额年增幅在 30% 以上，2006 年其比重增加至 28.44%，2007 年比重为 26.04%。[①]

2000 年以前蒙古国出口煤炭量较少，2000 年后蒙古国民营企业开始向中国出口高质量的炼钢用煤，出口量持续增加，2011 年已经

---

① Bank of Mongolia：Monthly Statistical Bulletin，2008，5.

达到 2.1 亿吨。另外，蒙古国还保持一定的铜精矿、钼精矿、萤石精矿、金、锌精矿等矿产品出口量（见表 3 - 17）。

表 3 - 17　2006～2011 年蒙古国主要矿产品出口量

商　品	2006 年	2007 年	2008 年	2009 年	2010 年	2011 年
原油（千桶）	337.9	812.3	1058.9	1938.5	2070.8	2553.7
煤（万吨）	2380.1	3269.0	4169.3	7113.2	16726.2	21296.0
铜精矿（万吨）	599.5	607.8	582.9	587.0	568.7	575.9
钼精矿（吨）	3335.8	3200.0	4077.8	6651.7	4768.7	4223.2
萤石精矿（万吨）	355.0	360.0	348.8	314.0	405.6	407.1
金（未加工或半制成品的形式）（千克）	15378.8	11600.0	22129.5	10877.2	5060.8	2580.5
锌精矿（万吨）	105.8	132.6	137.5	150.7	119.8	121.2

资料来源：蒙古国海关社的统计数据。

2001～2011 年，蒙古国矿产品出口额从约 2.5 亿美元增加到约 44 亿美元（见图 3 - 2）。在 2011 年蒙古国出口商品总额中，煤占 47.2%，铜精矿占 20.1%，铁矿石占 9.2%，原油占 5.3%，锌精矿占 3.0%，金占 2.3%。其中，金出口量下降较多，出口额占蒙古国总出口额的比重从 2009 年的 16.4% 下降到 2011 年的 2.3%；煤炭出口量增加较多，从 2009 年的 16.2% 增加到 2011 年的 47.2%。

蒙古国矿产品出口对象国主要以中国为主，原油、煤、锡精矿、锌精矿、铜精矿、铁矿等出口全部销往中国（见图 3 - 3）。其他矿产品对象国包括加拿大、韩国和俄罗斯等。

三　蒙古国能源政策

蒙古国政府成立石油管理局负责蒙古国矿产和石油资源的勘探、开发利用等方面的具体组织实施工作，以及矿产资源项目勘探和开发特别许可证的发放和石油产品分成合同的签订。1991 年，蒙古国

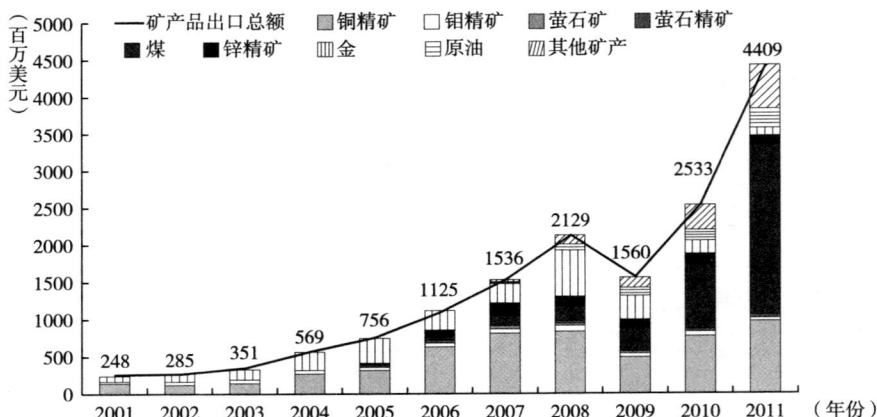

图 3 - 2　蒙古国矿产资源出口额

资料来源：蒙古国海关社统计数据。

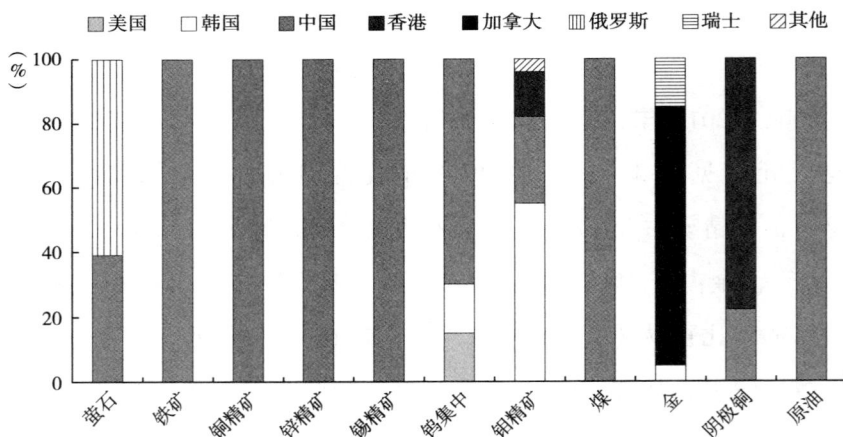

图 3 - 3　蒙古国矿产资源出口国家占比

资料来源：蒙古国海关社的统计数据。

《石油法》由议会批准并且颁布，《石油法》为蒙古国石油勘探的新发展奠定了法律基础，使蒙古国能够更好地调整蒙古国和国外机构、公民对本国地下石油资源的勘测、保护、开采、加工、运输、储存和销售方面的关系，有利于本国石油资源的管理。该法规定，鉴于石油开发项目投资大、风险大的特点，蒙古国的石油开发主要是采取国际通用的与外商签订产品分成合同的方式，吸引外商进行风险投资。为便于与外商签约，根据其石油分布情况，共划分为 24 个签约区块。外国投资公司通过填写《签约区块预定表》提出所选区块进行石油开发业务活动的申请，此后由蒙古国政府进行审批。如果通过，则双方正式签约并给予外国投资者在所得税、关税等方面的优惠。

为吸引国内外资金尽快开发利用该国矿产资源，1997 年蒙古国家大呼拉尔通过第一部《矿产资源法》。2006 年 7 月通过了新版《矿产法》，按新法规定，对矿产资源的勘探、开发实行特别许可制度，并注重环保；另外对所得税、增值税、矿产资源开采费、土地使用费等费用方面进行了规定。[①] 新法案把矿分为三种，分别是战略矿、普遍矿和一般矿，规定了那些能够影响国家和地区经济安全，或者矿产产量占国内生产总值 5% 以上的战略矿中，国家参与的条件和股份比例。

蒙古国政府制定实施的矿产部门战略如下。一是生产质量和成本在世界市场上具备竞争力的产品，提高出口潜力，增加产品品种，实现进口替代；二是向采矿和基础工业部门引进先进的技术和工艺，并发展合作项目；三是支持在国内外市场上采矿深加工产品的销售，争取矿床持有人加入到基础设施建设中；四是对采矿活动引起的侵蚀进行登记，对于无法恢复的矿区采取必要措施；五是支持通过引进先进的生产工艺技术，在勘探和生产过程中提高收益，引进外资和国内资本投资，建立合资企业，引进专利技术和进口设备；六是支持替代进口产品的生产，并增加原材料储备；七是提高铁矿石和冶金处理技术，建立用于生产钢铁和钢铁制品的工厂；八是建立复杂的铜精矿加工技术来生产铜精矿；九是促进资源开发与环境保护

---

① 宋国明：《周边国家矿业投资环境纵览》，《国土资源》2003 年第 6 期，第 54 页。

相协调。

按照 1997 年蒙古国制定的 "蒙古国矿产资源长期计划"，2010 年以后的第三阶段的主要任务将是组建本国大型采矿和加工企业，为出口和满足自己需求从矿石和精矿中生产高质量的金属、合金和矿产品修建冶炼厂。为了达到这个目标，目前蒙古国进一步放松了对外国投资本国矿产资源领域的限制。

第四章

能源输入国能源安全与对外能源合作

日本、韩国是东北亚区域主要的能源进口国，经过多年的发展，两国在能源战略、能源外交、节能和新能源利用等方面建立了较完善的体制，积累了相当多的经验，可以为中国制定能源战略提供有益的借鉴。本章主要对日本和韩国的能源及能源进口进行分析，重点对日本和韩国的能源战略、能源外交、节能和新能源利用等能源政策进行研究。

第一节 日本和韩国的能源供给

一 日本的能源资源与能源产量

日本是能源资源贫乏的国家。日本石油剩余探明可采储量大约为 799 万吨，天然气剩余探明可采储量为 401 亿立方米，目前日本共发现了 70 多个小油气田，主要分布在西海岸的秋田盆地、津轻盆地、新潟盆地及东海岸的千叶盆地，油气钻井数为 172 口。[①]

---

① 美国《Oil and Gas》2001 年终号报道。转引自刘增洁《日本能源工业的现状及发展对策》，《中国能源》2002 年第 8 期，第 16 页。

虽然日本石油资源贫乏，但日本却以国际市场原油为基础，大力发展炼油工业。两次石油危机之后，1980 年日本炼油能力达到 564 万桶/天。日本的炼油工业全部集中在太平洋沿岸带状地区等沿海地带。随着日本炼油企业数目的逐渐增多，日本炼油能力过盛，油品总体供过于求，特别是 1998 年金融危机使炼油业所处的宏观环境和形势较为严峻，促进了日本炼油业的调整和重组。1998 年金融危机后不久，日本关闭了 1350 万吨/年的炼油能力，并对 800 万吨/年的炼油能力进行了改造。[①]

日本炼油业经过大规模合并重组后，改变了过去 20 多家炼油厂分治的局面，重组合并为四家石油公司：1999 年 4 月日本石油和三菱石油两公司合并组成日本三菱石油公司，随后克斯莫（Cosmo）石油公司也加入了这家新组建的公司，它们共占日本总炼油能力的 40%，2002 年改名为新日本石油公司；1999 年 11 月，埃克森（Exxon）和美孚（Mobil）合并组成埃克森美孚公司后，埃克森美孚公司所属的东燃（Tonen）和通用石油（General Sekiyu）两个分公司于 2000 年 7 月合并，其占日本总炼油能力的 23%；2000 年 3 月日本能源（Japan Energy）和昭和壳牌石油（Showa Shell Sekiya）两公司达成协议，在炼油、分配和润滑油业务方面实行广泛的合作，其份额占 23%；出光兴产和太阳石油为代表的独立石油公司份额为 14%。目前新日本石油公司是日本最大的炼油生产和销售企业，在全国拥有 7 家炼油厂，日产能力为 122 万桶。2010 年，日本炼油能力为 446 万桶/天，日产量为 362 万桶/天；到 2012 年，日本炼油能力继续下降到为 425 万桶/天，日产量为 340 万桶/天（见图 4-1）。

---

① 朱和、石宝明：《亚太地区与中国炼油行业现状及未来趋势》，《国际石油经济》2003 年第 5 期，第 31 页。

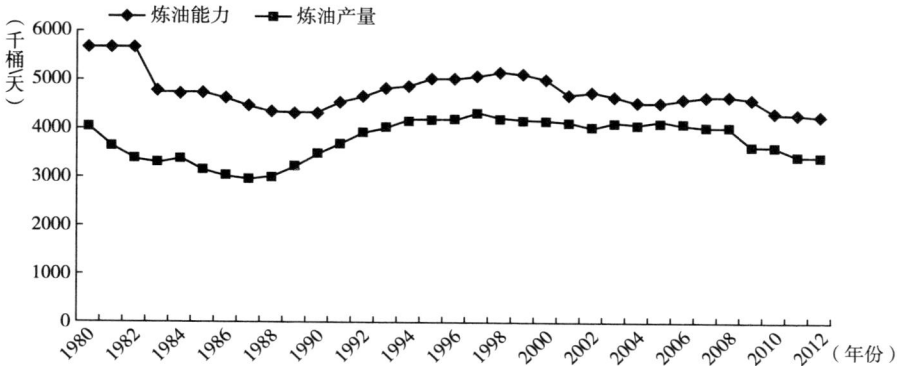

图 4 - 1　1980 ~ 2012 年日本炼油能力和炼油产量

1969 年前，日本使用的天然气均是国内生产，在国内一次能源供应总量中约占 1%。日本自 1969 年开始进口液化天然气（LNG），且发展很快，2009 年天然气在国内一次能源供应总量中的占比达到 19%。2010 年，日本国内生产天然气的地区主要有新潟县、千叶县、秋田县和北海道等，占供应总量的 3.3%。天然气中 60% 用于发电，40% 用于城市燃气。[①]

与其他能源相比，日本煤炭资源较为丰富，煤炭储量约为 3.5 亿吨，主要分布在北海道的中部和东部以及九州西北部。因此二战后日本政府确立了以国内资源为基础发展能源工业的战略，结合本国煤炭资源相对丰富的现状，大力发展煤炭行业，煤炭成为日本主要能源来源之一。1961 年，日本国内的煤炭产量达到历史最高纪录，为 5541吨。20 世纪 60 ~ 70 年代，受低廉的国际石油价格的影响，日本转变了以煤炭为主的能源结构，能源供给中石油比例逐渐上升，日本煤炭工业逐渐衰退，煤炭产量迅速下降。随着 1997 年 3 月三井三池煤矿和 2002 年 1 月太平洋煤矿的关闭，日本本土的煤炭产量降到最低点。从

---

① 以下有关日本能源的统计资料和数据，引自日本经济产业省资源エネルギー厅，エネルギー白書 2011，http：//www. enecho. meti. go. jp/topics/hakusho/2011/index. htm。

2002 年开始，日本实行新的煤炭政策，即"煤矿技术推广 5 年计划"，和中国、印度、印度尼西亚等国家合作，开展煤矿技术培训和技术合作，以及进行煤炭的海外开发工作。这种政策使得日本煤炭产量止住迅速下降的趋势，一直稳定在年产 100 亿吨左右。

20 世纪 50 年代，在美国的帮助下，日本开始发展核能，各电力公司纷纷建设核电厂。截至 2011 年 2 月底，日本已建立 54 座核反应堆，仅次于美国（104 座）和法国（55 座），是世界第三大核能利用大国，其后是俄罗斯、德国、韩国。目前核能是日本电力的重要能源来源之一，核能发电约占发电总量的 27%。

另外，日本高度重视可再生能源的发展，加大对可再生能源的开发力度。日本的可再生能源主要包括风能、太阳能、生物质能、小中型水电和地热能等，其中太阳能和风能发展较为迅速。日本努力开发可再生能源，并根据《石油替代能源法》制定了石油替代政策。20 世纪 70 年代的两次石油危机后，日本更加努力地推动石油替代能源的利用。石油在日本国内一次能源供应中所占的比例从 1973 年的 75.5%，下降到 2009 年的 42.1%，但对包括天然气、煤等在内的化石燃料的依赖度仍然很高，2009 年为 82.2%。2009 年 7 月，日本对石油替代能源法做了修订，将鼓励研究开发的能源产品由以"石油替代能源"为主改为以可再生能源、核电等"非化石能源"为主，出台了关于促进非化石能源的开发及引进的法规。同时，还制定了促进能源供应商利用非化石能源资源及有效利用化石能源原料的法律（《能源供应构造高度化法》），促进了可再生能源等非化石能源的利用。

在"非化石能源"中，日本尤其积极推动的是"新能源"。1997 年《促进新能源利用等的相关特别措施法》（《新能源法》）生效。该法对新能源的解释是：在石油替代能源的生产、开发、利用等方面，由于经济效益的限制难以推广，对促进石油替代能源有特殊作用的能源。新能源具体为：太阳能发电、风力发电、生物质能利用、冰雪热等温差能源的使用。将被称为"需求方的新能源"的天然气热电联产系统及燃料电池，作为"创新性能源高效利用技术"积极加以开发与推广。

1996 年，日本太阳能发电量为 6 万千瓦，到 2010 年已经达到 362 万千瓦。2004 年前，日本是世界太阳能发电最多的国家。2005 年，德国的太阳能发电能力超过日本。2008 年，西班牙新安装的太阳能发电总装机容量达到 275.8 万千瓦，远超过日本的 22 万千瓦。此后，日本的太阳能发电总装机容量，退居世界第三位。2008 年前，日本的太阳能电池生产能力在世界上处于领先地位；2009 年，中国和德国超过日本，日本居世界第三；2010 年之后，日本太阳能发电量增长迅速，到 2012 年达到 694 万千瓦。

在风能利用上，由于风能资源丰富，日本早在 20 世纪 80 年代初在风能开发和利用方面就进行了研究和规划，1997 年风力发电量为 1.7 万千瓦，2010 年增加到 242.9 万千瓦（见图 4-2）。截至 2010 年 12 月，日本风力发电量在世界排名第 12 位。风力发电的问题较多，要求电力公司有备用容量电网和风力发电的自然条件。另外，减轻风电高峰对电力系统的输出造成的不稳定影响，已成为输出系统亟须解决的问题。

2009 年，日本利用的生物能源换算成原油是 454 万千升，占国内一次能源供应量的比例为 0.81%。2009 年，日本有水力发电厂 1914 座，建设中的有 28 座，尚未开发的地点有 2464 个。包括一般水电、抽水在内的水电总装机容量为 4797 万千瓦，年发电量为 838 亿千瓦时。日本的水电量占世界的 5% 左右。2009 年，日本有 15 个地热发电厂，容量约 53 亿千瓦。日本的地热发电量约占世界总量的 5%，排名世界第八位。

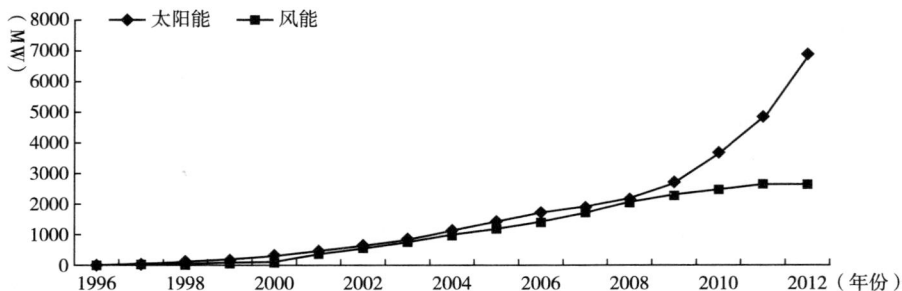

图 4－2 1996～2012 年日本太阳能和风能发电量

　　总体来说，日本国内的能源供给逐渐多元化。1973 年，石油占日本一次能源供应量的 75.5%。随后日本加快了核电、天然气和煤炭的利用及对新能源的开发，在一次能源供应中，石油的比例不断下降，石油替代能源所占的比例不断增加，逐步实现能源供应多样化。在国内的一次能源供应中，日本对化石能源的依赖度是 81%，高于积极推广风电和核电的法国、德国。由于几乎全部化石燃料都依赖进口，稳定能源供应成为日本面临的主要任务。①

二　韩国的能源资源与能源产量

　　韩国也是能源资源极为贫乏的国家，只有在韩国蔚山大约 58 公里处的大陆架发现大约 500 万吨的天然气田储量。另外韩国还有约 7800 万吨的煤炭蕴藏量和少量水力发电资源。

　　韩国积极发展石油加工业。韩国石油加工业在 20 世纪 80 年代末和 90 年代发展最快。1990～1997 年，炼油能力由 80 万桶/天提高到 260 万桶/天，炼油能力扩充了两倍以上，使油品产量满足了迅速增长的需求。"炼油厂设在消费区"政策一方面有助于保证韩国成品油供给的稳定，因此无论是现在还是未来，成品油供给都将被摆在

---

① IEA, *Extended Energy Balances of OECD Countries 2010*, 2010.

一个重要的位置；另一方面，这一政策也导致了韩国五家大石油公司（油公公司、LG 公司、双龙公司、韩华公司和现代公司）在炼油能力建设方面投资过多。1993～1997 年韩国炼油项目计划投资额超过 60 亿美元。1996 年韩国成为亚洲仅次于中国和日本的第三大炼油国，在世界上排名第八位。韩国炼油业经过亚洲金融危机后进行了合并重组和外资收购，1998 年 9 月，Hanwha 在仁川的 27 万桶/天的炼油厂由韩国现代石油公司接管，这次收购使得现代石油公司的炼油能力达到 58 万桶/天，从而成为韩国第三大炼油商（炼油能力排在 SK 公司和 LG - 加德士公司之后）。1999 年 10 月，现代石油公司完成向阿联酋阿布扎比国际石油投资公司出售其炼油业务 50% 的股份，以减少该公司的债权比率。2000 年，双龙公司向其控股股东沙特阿美出售其双龙炼油公司 28.4% 的股份，随后该公司被更名为 S - Oil公司。目前韩国已形成了以韩资 SK 为最大，与 LG - 加德士、现代和双龙三大韩外合资公司一起控制国内市场的格局。其中，SK 公司的炼油能力 2007 年排在世界第 25 位，达到 4085 万吨/年。四大石油公司的市场占有率分别为：SK 公司占 37.1%，LG - 加德士公司占 30.3%，现代公司占 19.2%，双龙公司占 13.4%。面对国内炼油能力过剩的状况，韩国石油公司将逐渐停止扩充炼油能力，从 1997 年开始，韩国炼油能力就一直保持不变，大约为 260 万桶/天，居世界第六位。目前韩国尽量减少成品油进口，并积极向海外特别是邻近国家出口过剩的成品油。随着中国石油需求的增加，炼油商已开始生产更多产品以供出口，过去两年中韩国炼油厂开工率重新返回至 90%。2012 年韩国炼油能力为 289 万桶/天。

在核能方面，韩国正在运转的核电机组有 20 个，2010 年核能发电量约占总发电量的 32%。6 个机组正在建设中，6 个机组正在计划中。

第二节　日本和韩国的能源消费

日韩两国都是能源消费大国。两次石油危机之后，由于节能等措施的有效实施，日本能源消费增长较为缓慢，初级能源消费总量从 1980 年的 3.6 亿吨增长到 2007 年的 5.2 亿吨，年均增长率只有 1.6%。此后日本能源消费量逐年下降，到 2010 年为 5 亿吨油当量，居世界第五位。

一　日本能源消费与能源利用效率

20 世纪 70 年代，在经济快速增长时期，日本能源消费量增长的速度高于国内生产总值（GDP）的增长。20 世纪 70 年代的石油危机后，日本在经济增长的同时力争减少能源消耗，工业部门的能源利用效率得到提高，节能产品得到发展，交通运输部门的能源消耗增速得到控制。20 世纪 90 年代，由于住宅业和商业的发展，民用能源的消耗增加很快。石油危机后，不同部门的能源消耗趋势是，工业部门基本持平，商业（住宅业）和运输部门几乎增加了一倍。

日本石油消费量在两次石油危机之后呈下降趋势，1987 年以后又有所回升，1996 年达到 2.69 亿吨，超过石油危机之前的消费水平，此后日本石油消费量逐年下降，2010 年为 2.02 亿吨。2012 年日本核能消费量大幅下降。从表 4-1 可以看出 2012 石油消费量增加到 2.18 亿吨。目前日本是世界第三大石油消费国。

表 4-1　1970～2012 年日本能源消费量

年　份	一次能源 （亿吨油当量）	石油 （亿吨）	天然气 （十亿立方米）	煤炭 （百万吨油当量）	核能 （TWh）	水力发电 （TWh）
1970	2.8	1.99	3.4	60.2	3.3	78.1

续表

年　份	一次能源 （亿吨油当量）	石油 （亿吨）	天然气 （十亿立方米）	煤炭 （百万吨油当量）	核能 （TWh）	水力发电 （TWh）
1980	3.6	2.38	24.1	57.6	82.6	90.1
1990	4.3	2.48	48.1	76	195.7	93.9
2000	5.1	2.56	72.3	98.9	319.7	91.3
2005	5.3	2.44	78.6	121.3	293	86.2
2010	5.0	2.02	94.5	123.7	292.4	85.1
2012	4.8	2.18	116.7	124.4	18	80.9

　　日本的天然气消费量一直呈上升趋势，从 1970 年的 34 亿立方米增长到 2010 年的 945 亿立方米，增长了 26.8 倍。2012 年继续上涨到 1167 亿立方米。液化天然气（LNG）消费方面，由于欧洲对进口液化天然气依存度的增高，以及其他国家液化天然气用量的快速增加，日本由 1985 年占世界进口总量的 3/4，减少到 2008 年的占40% 左右。根据国际能源署的分析，今后日本的液化天然气的绝对进口量还将增加，但由于其他国家的进口量增长速度超过日本，日本的相对市场份额将减少。在天然气用途上，日本与美国、欧洲有相当大的差异。在日本，发电用天然气的比例占总量的 62%，工业用天然气占 9%，民生用天然气只有 30%。相比之下，美国、欧洲经合组织成员国发电用天然气的比例为 31%，比日本低 30% 之多，而民用及工业用天然气的比例较高。日本只能以液化天然气（LNG）的形式引进天然气，主要以需求集中的发电以及具有一定规模的大型城市燃气公司的利用为主，因此形成了日本独特的基础设施发展形态，即在有天然气需求的地区建设液化天然气基地，再根据需要，从液化天然气基地把输气管道延伸出去。与发电相比，日本的天然气在民用和工业用方面较少。在欧洲和美国，天然气在民用和工业用方面的利用较多。然而，天然气作为发电燃料的优势越来越明显，

最近几年，欧洲和美国已越来越多地将天然气用于发电。

日本煤炭消费也大体呈持续增长的趋势，从1970年的约0.6亿吨油当量增长到2010年的约1.2亿吨油当量，2012年煤炭消费量基本没有太大的变化。日本煤炭消费量在美国、中国、印度之后，居世界第四位。1985~2010年，日本占世界煤炭市场的份额由30%缩小到20%，根据国际能源署的分析，未来印度和中国的进口量将快速增长，日本的市场份额将会减少。

另外，日本的核能和电能消费量呈增加的趋势。日本核电站建设始于1966年，2010年日本核电消费量已达292.4TWh，位居美国、法国之后，为世界第三大核电消费国，核发电量在其电力生产中居第一位。2012年核能消费量剧减至18TWh，基本属于停滞状态。

在日本能源消费量持续增加的同时，日本实现了能源利用的高效率。日本每单位国内生产总值（单位GDP）所需的一次能源消耗低于其他国家。[1] 日本是继美国、中国之后居世界第三位的经济大国，与经济高速增长的中国相比，2008年日本的单位GDP能耗为1.0，约为中国的1/8，与节能先进的欧美相比，仅为美国（2.0）的1/2，也低于英国（1.2）、德国（1.7）和法国（1.8）。[2]

二 韩国能源消费与能源利用效率

韩国的能源消费量呈现快速增长的态势，特别是20世纪80年代后期开始，能源消耗增长率显著提高，韩国一次能源消费量从1980年的0.386亿吨油当量增加到2010年的2.55亿吨油当量，居世界第九

---

[1] 单位GDP能耗是反映能源消费水平和节能降耗状况的主要指标，一次能源供应总量与国内生产总值（GDP）的比率，是一个能源利用效率指标。该指标说明一个国家经济活动中对能源的利用程度，反映经济结构和能源利用效率的变化。

[2] 数据来源于IEA，*Extended Energy Balances of OECD Countries 2010*，2010。

位，2012 年继续增加到 2.711 亿吨油当量。韩国能源消费主要依赖石油、煤炭和天然气。1980～2010 年，石油消耗量从 24.1 亿吨增加到105.6 亿吨，石油在能源消费中的份额从 61.1% 下降到 41.4%，到 2012年石油在能源消费中的份额继续下降为 40.1%，目前韩国石油消费量居世界第八位。韩国煤炭消费量从 1980 年的 1320 万吨油当量增加到 2012年的 8180 万吨油当量，但所占份额也有所下降，煤炭消费份额的减少主要是由严格的环境管制和较高的生产成本所致。石油和煤炭消费减少的份额大部分由液化天然气所取代，韩国从 1986 年才开始消费天然气，之后消费量迅速膨胀，从 1990 年的 30 亿立方米增加到 2012 年的 500 亿立方米，液化天然气的猛增主要出于环保的考虑（见表 4－2）。核能消耗量也有所增加，水力发电消费量从 1990 年开始下降。韩国单位 GDP 能耗约为 3.1，略高于世界平均水平（3.2）。

表 4－2　1980～2012 年韩国能源消费量

年　份	一次能源 （百万吨油当量）	石油 （亿吨）	天然气 （十亿立方米）	煤炭 （百万吨油当量）	核能 （TWh）	水力发电 （TWh）
1980	38.6	24.1	—	13.2	3.5	2.0
1990	90.0	49.5	3.0	24.4	52.9	6.4
2000	188.9	103.2	18.9	43.0	109.0	4.0
2005	220.6	104.4	30.4	54.8	146.9	3.6
2010	255.0	105.6	42.9	76.0	147.8	3.7
2012	271.1	108.8	50.0	81.8	150.3	3.1

第三节　日本和韩国的对外能源合作

一　日本对外能源合作

（一）日本能源贸易

1960 年，依靠国内的煤炭和水电等天然资源，日本的能源自给率达到58%，之后能源自给率逐年下降。目前，日本的煤和石油，以及石油危机后大量使用的液化天然气（LNG）和核电燃料——铀，几乎全部进口。根据国际能源署（IEA）的数据，日本的国内能源，主要有水能、地热、风能以及部分天然气等，占所需能源的4%（2008年）。

日本的能源基本依赖进口。日本是石油进口大国，近年来石油进口量逐渐下降，从1995年的558万桶/天下降到2010年的447万桶/天。目前日本石油进口量已落后于中国，日本由原来仅次于美国的第二大石油进口国变成世界第三大石油进口国。2010年主要的进口来源国及份额依次为：沙特阿拉伯（29.2%）、阿拉伯联合酋长国（20.9%）、卡塔尔（11.6%）、伊朗（9.8%）。日本石油进口来源中，中东份额将近80%，可见日本石油进口来源较为集中，对中东依赖性较大。液化石油气是来自天然气和原油生产的伴随气体以及冶炼后从原油中分离出来的液化气。20世纪60年代之前，主要是国内冶炼后的原油中分离出来的液化气，之后日本进口比率不断增加，2010年达到供应量的73.7%。日本液化石油气主要从卡塔尔、阿拉伯联合酋长国、沙特阿拉伯等中东国家及澳大利亚等国家进口，2010年进口量中的86.5%来自中东国家，其中从卡塔尔的进口量占26.6%。日本国内天然气消费基本靠大量进口LNG来满足，2010年进口LNG 935亿立方米。日本的LNG进口主要依靠印度尼西亚、马来西亚和澳大利亚等国，这些国家的份额约占78.1%；日本进口LNG对中东的依存度较低，为21.9%。2009年，日本液化天然气贸易占世界液化天然气贸易的35.4%。日本是世界最大的煤炭进口国。1970年日本煤炭的进口量超过了国内的煤炭产量，1988年进口突破1亿吨，2010年煤炭进口量大约为1.59亿吨，占世界煤炭贸易量的24%，其中进口焦煤0.6亿吨，主要来自澳大利亚、加拿大、美国、中国、俄罗斯和南非；进口动力煤0.9亿吨，主要来源于澳大利亚、中国、美国、南非、加拿大和俄罗斯。

虽然日本核电所需的铀也从国外进口，但是由于燃料能量密度高容易储存，且使用过的燃料通过二次处理，可以作为燃料再利用，所以铀是对进口资源依赖程度低的"准国产能源"。包括核能在内，2008 年日本能源自给率（国内能源在能源供应总量中的比例）为18%。据日本综合能源统计数据，2009 年日本能源自给率为 7%，包括核电为 19%。

（二）日本海外油气勘探与开发

日本积极支持企业参与海外能源开发和勘探。

第一，日本政府为了鼓励和推进海外油气开发，在 1967 年成立了日本石油公团，支持私营公司从事油气勘探与开发。由于石油勘探开发要求投入巨额资金，风险高、周期长，石油公团通过建立勘探开发投资、贷款和债务担保制度，首先对欲接受投资、贷款和债务担保的企业进行审核，经过经济产业大臣批准后实施。这种制度已成为支持日本油气勘探开发事业的基础。其中，投资制度是给予从事油气勘探开发的日本企业不超过 70% 的投资；贷款制度是指石油公团对在海外进行勘探和开发的日本企业，和在国内进行勘探和开发的外国国有机构发放贷款，贷款额度原则上以项目所需资金的70% 为限度；债务担保制度是石油公团对在海外进行油气勘探开发项目的日本企业介入的资金债务，以 60% 为限度提供债务开发担保。石油公团还通过直接在国外获取勘探开发权，同资源国开展合作研究，从事海外地质构造调查及通过低价出租石油勘探设备等方式，直接支援日本企业，积极促进石油和天然气的自主开发。日本的这种油气产业发展模式通过政府与私营部门分担风险，使石油产业薄弱的资金基础得到加强，并可以集中运用各行业的私营资本。截至2000 年，日本石油公团资助了 290 多个项目（见表 4－3）。

表 4 - 3　由日本公团资助的项目进展状况（截至 2000 年）

工程项目总数	293
已经结束的项目	162
仍在进行的项目	131
生产阶段	49
准备生产阶段	1
勘探阶段	35
准备撤销	46

资料来源：日本石油公团年度统计报告。

2002 年 7 月，日本国会正式通过《独立行政法人石油天然气金属矿产资源机构法》，决定废除原隶属于资源能源厅的"石油公团"，将石油公团归并到原隶属于资源能源厅的"金属矿业事业团"，新组建独立行政法人"石油天然气金属矿产资源机构"。其对日本石油开发公司等在海外及日本周边海域进行的石油和天然气等勘探项目，或给予上限为总金额 50% 的投资，或进行债务担保。鉴于石油和天然气的开发环境日益恶劣，2007 年 4 月开始，只要满足一定条件，如油气田达到一定规模、技术难度高等，其投资及债务担保的上限就可提高到 75%。此外，根据 2009 年 7 月生效的修订法案，可以把政府担保的长期贷款用于投资及申请贷款担保。仅 2010 年，就批准了 6 个新项目，提供勘探投资（包括资产收购）100.44 亿日元，债务担保 14.72 亿日元。

第二，近年来日本积极拓展能源供应渠道，积极参与海外能源开发和勘探，并通过输出技术、培训能源供应国的官员和企业家，以及共同举办展销会等多种途径，保证能源供应。

第三，政府金融机构提供融资。日本国际合作银行对下列项目提供进口融资或投资融资：日本企业利用长期贸易合同进口资源，或获得权利进行资源开发；加强参与资源开发的日本企业的竞争力；

对日本在海外开发或收购重要资源有促进作用的、与保障资源供应相关的基础设施建设等。

第四，通过贸易保险为企业承担风险。日本贸易保险公司（NEXI）对于有助于海外重要矿物资源或能源资源稳定供应的项目，提供"资源能源综合保险"，即通过将资源交易款存入海外托管账户，以低于常规的保险金率，对日本企业的收购、交易的投融资予以支持。

第五，制定海外投资等损失准备金制度。对于在海外向资源（如石油、天然气等）勘探及开发项目进行的投资，为了应对投资失败带来的损失，进行投资的日本国内法人要有一定金额的公积金（准备金），该公积金存款项可算作亏损。海外投资等的亏损准备金制度将公积金的额度限定为：资源开发项目法人、资源开发投资法人为30%；资源勘探项目法人、资源勘探投资法人为100%。该公积金存期5年，以后可在5年之内均等取用完毕。

第六，利用海外勘探准备金制度及海外勘探新矿床勘探费的特别扣除制度（减耗扣除制度），对海外风险勘查开发企业给予大幅度的减税支持。海外勘探准备金制度于1975年开始实施，允许在海外自己开矿的法人将矿山矿产销售额中50%的采矿所得作为公积金使用（这部分收入免税）。该公积金可以在3年之内任意取用完毕。1965年开始实施的海外新矿床勘探费的特别扣除制度规定，可以将新矿床勘探支出加上勘探机械设备的折旧费、勘探准备金的取用完毕金额和该期的所得金额三种费用中的最小额费用计作亏损。

经过30多年发展，日本海外勘探开发取得了一定成果。目前，日本石油开发业的主体由阿拉伯石油公司、帝国石油公司、日本石油勘探公司、印度尼西亚石油有限公司、三井石油勘探公司、阿布扎比石油公司及日立石油勘探有限公司等20家独立的企业构成，它们在海外进行油田勘探开发的投资和运作。这些公司在海外石油开发中都以经济效益为第一目标。

由于拥有大规模石油和天然气储量的俄罗斯的萨哈林地区与日本在地理上非常接近，日本将其视为能源供应来源多样化的重要项目。萨哈林设有 9 个开发矿区，其中日本企业参与的 1、2 开发矿区，石油和天然气开发已经开始。

日本还参与了伊拉克南部的陆上油气田哈拉夫（Garraf）油田的开发项目（2010 年 1 月，日本石油勘探公司和马来西亚国家石油公司同伊拉克国家石油公司签署为期 20 年的合同，2016 年有望实现 23 亿桶的生产目标）；阿拉伯联合酋长国的海上油田开发项目［由国际石油开发帝石控股公司（INPEX，又称日本国际石油开拓公司）100% 控股的子公司——日本石油开发公司持有 12% 的权益，在部分油田持有 40% 的股份，上扎库姆油田（Upper Zakum）等 5 个油田目前已生产原油］；委内瑞拉玻利瓦尔共和国的奥里诺科河北部的奥里诺科河·卡拉沃沃项目（2010 年 2 月，作为奥里诺科重油带卡拉沃沃区块的招标结果，日本公司参与的国际财团获得矿区的开发权，峰值生产量预计为 40 亿桶）；哈萨克斯坦共和国阿特劳的里海海域的卡沙干油田项目［评估可采储量约 110 亿桶，埃尼公司、埃克森美孚、荷兰皇家壳牌（Royal Dutch Shell）等参与开发，日本参与的国际石油开发公司持有股份约 7.6%］；澳大利亚的海上天然气田开发项目——Ichthys 项目（日本国际石油开发帝石控股公司拥有 76% 的股份，法国道达尔公司拥有其余 24% 的股份，计划 2016 年开始生产，液化天然气产量将达到 840 万吨）；印度尼西亚东部阿拉弗拉海的海上油气田阿巴迪开发项目；阿塞拜疆里海巴库地区近海的海底油田——里海 ACG 油田开发项目/BTC 石油管道项目等。①

---

① 资料来源于 JOGMEC（日本独立行政法人石油天然气金属矿物资源机构）。

总之，日本政府通过支持独立行政法人石油天然气金属矿物资源机构（JOGMEC）、日本国际合作银行（JBIC）、日本贸易保险公司（NEXI）等机构提供风险资金，实施政府对开发稀有资源的日本民间企业的援助，将供应商到最终消费者的民间企业视为一体，目标是构筑一个官民联合的有利于获得稀有资源的体制。2010 年 6 月，日本政府修订了相关法律，赋予日本独立行政法人石油天然气金属矿物资源机构（JOGMEC）增加供应风险资金的新功能。借此，日本获得了巴西阿拉沙矿山（铌）和澳大利亚威尔德山矿山（稀土）的权益。

（三）　加强与能源资源国和能源需求国的能源外交

长期以来，日本通过能源外交拓宽能源来源渠道，保障本国能源安全。日本在石油进口方面对中东国家的依赖程度很高。日本石油主要从 12 个国家进口，其中 80% 来自中东各国，13% 来自亚太地区。在《新国家能源战略》中，日本提出要全面加强和提高与资源国的关系，提高石油自主开发比例，支持承担资源开发任务的核心企业。具体措施是继续深化与资源国关系，加强对石油天然气开发企业的资金支持，鼓励核心企业获得海外资源开发权，促进能源供应多元化。加强多方对话，增强能源市场的透明度，特别是要加强铀矿开发以及燃料乙醇投资项目的支持。另外，为了维持日本 LNG 在国际市场的地位，日本将重视中国、印度等国不断扩大的需求，通过技术合作强化 LNG 供应战略。

为了确保本国能够及时得到石油供应，日本政府通过 ODA、EPA 等援助手段，加强与产油国经济、教育、基础设施、医疗等方面的合作。如日本积极参与伊拉克政权重建，对伊拉克的无偿援助总额达到 15 亿美元，通过两国间直接援助、伊拉克复兴信托基金、联合国开发计划署等途径支付，其中两国间的直接援助达到 7.82 亿美元。① 此外，日本还将以贷款的形式向伊拉克提供最高可达35亿美元的援助，用于通信、交通等大型基础设施的建设。② 另外，日本支持在重要的石油、天然气生产国设立各种合作项目或政府间项目，为这些国家培养新兴产业的技术人才，灌输日本的教育体制，开展合作研究和人才交流，扩大民间合作。仅2010年，日本就在沙特阿拉伯建立了电子和家电产品培训中心；在越南开展了运用最新地球化学技术对越南石油体系进行再评估等两项合作研究；举办了由喀麦隆负责能源政策的政府高级官员参加的讨论会；向肯尼亚派出了由日本商社及石油开发公司等组成的代表团；接收了伊拉克工程技术人员赴日接受培训；参加了在阿拉伯联合酋长国阿布扎比举行的阿布扎比世界未来能源峰会。

另外，日本对赋存资源的国家，积极提供资源开发的风险资金、先进的矿山环保和开发利用资源的技术，加大对资源国的吸引力，并利用环保技术和勘探、采矿、选矿、冶炼技术，推进矿产资源勘查和矿山的共同开发。对日本企业已经开展合作并已获得权益的国家（如越南、哈萨克斯坦等国），日本充分利用政府间已有的对话渠道，保证矿山开发的顺利进行，同时择机扩大合作规模。对重要的资源赋存国（玻利维亚和其他南部非洲国家），日本通过已经实施的合作项目来扩大规模或横向发展，利用对方的各种需求在不同领域开展合作。日本已与越南、印度、玻利维亚签订了确保资源供应的政府首脑的联合声明。对正在着手基础设施建设的资源国，日本充分利用包括政府开发援助（ODA）及政

---

① 〔日〕《伊拉克复兴两国间无偿援助规模》，《国际开发月报》2004年5月号。转引自王锐、刘霞《新世纪日本能源安全战略及其启示》，《经济经纬》2007年第6期，第43页。

② 〔日〕日本外务省，我が国のイラク復興支援，http：//www.mofa.go.jp/mofaj/area/iraq/shien.html。

策金融等在内的各种政策手段，进行符合其国情的合作，从战略上强化了两国之间的关系。

在加强与西方发达国家、中东国家、俄罗斯等能源生产国的合作的同时，由于中国、印度等亚洲发展中国家能源需求大幅度上涨给世界和日本带来巨大压力，日本在《新国家能源战略》中提出加强与亚洲在节能和环境等方面合作的战略。通过与中国、印度等亚洲国家展开对话，提供节能和环境保护的技术支持，从制度、技术、资金等各方面支持这些国家发展可再生能源，并建立能源储备制度和能源应急制度，探索建立区域能源合作的可能性，促进亚洲核能的合作。其中，日本在"东盟＋3"会议上提出的旨在东亚和东盟国家实现智能社区的东亚智能社区的倡议，受到各国的关注并取得共识。

根据 2007 年 1 月第二届东亚峰会提出的"日本的能源合作倡议"、2009 年 4 月亚洲能源产消国部长级会议上达成的共识、接受研修人员赴日的双边协议，日本通过派遣专家，协助培养节能、新能源人才，帮助需求大幅增加的以亚洲地区为主的发展中国家促进节能，开发可再生能源。中国、印度、越南、俄罗斯等国的研究机构与日本研究机构在节能政策方面开展共同研究。

2010 年，日本举办了包括能源工作组（EWG）会议和亚太经济合作组织能源部长会议在内的一系列 APEC 会议。在福井召开的第九次亚太经济合作组织能源部长会议上，直岛正行确立了"通往能源安全的低碳之路"的主题，会议讨论了能源安全保障、促进节能、引进推广零排放能源，通过了"福井宣言"。会议通过了中国和日本共同倡议的 APEC 低碳示范城镇项目，统筹引进低碳技术并使之在城市普及。

二　韩国对外能源合作

（一）韩国能源贸易

韩国能源消费与生产之间巨大的缺口必须依靠进口来弥补。自1990年以来，韩国石油进口量逐年增加，1991年为138万桶/天，目前已超过300万桶/天，目前原油进口量居世界第五位。韩国石油进口的87%来自中东地区，12%来自亚洲国家；[①]韩国天然气完全依赖进口液化天然气，2010年韩国LNG进口总量为444亿立方米，其中，从卡塔尔进口102亿立方米，从印度尼西亚进口74亿立方米，从阿曼进口61亿立方米，从马来西亚进口64亿立方米；韩国煤炭进口量大约为8000万吨，是世界上较为重要的动力煤进口国。

（二）韩国海外资源开发

随着韩国经济的持续发展，为减少资源价格上涨对经济的冲击，保障能源资源供给安全，韩国政府通过鼓励政策促使石油公司积极地参与海外油气资源的勘探开发。韩国主要实行四项措施。①建立海外投资亏损金的准备制度，其目的是准备应对进行海外投资活动时可能发生的亏损。将海外投资金中20%以内的资金，作为亏损准备金进行累积，该累积金被认可为亏损金后，可减免税金，如果进行累积以后的三年间没有发生亏损，就将其分成四年算入收益金。②扣除国外纳税金制度，其目的是避免双重纳税。进行海外投资项目，向外国政府缴纳法人税后，免除国外所得的国内法人税。③国外纳税制度，其目的是促进在海外的投资。即使依据避免双重税收防止二重税的协议减免所得税和法人税以后，也将减免额看作是在外国缴纳的税金，再减免国内税。④对投资海外资源开发的红利所

[①]　韩国石油协会和韩国石油公社统计资料。

得，免除税金制度以促进在海外的投资。即使在对方国家免除了红利所得税，也看作已在国外纳税，在国内免除税金。

SK 公司是韩国最早到海外开发油气资源的民营企业，在巴西、利比亚、赤道几内亚等 11 个国家开采原油和天然气。2002 年 3 月，SK、LG 等公司形成原油开发联盟，在里海海上油田和陆地油田进行大规模开发。到 2008 年末，韩国已经在 36 个国家参与 155 个海外油田开发项目投资。

为了确保企业的海外资源投资计划能够顺利执行，韩国知识经济部制定了"2009 年海外资源开发推进战略"，主要包括向韩国石油公社和韩国矿物资源公社等提供资金支持，加强与资源丰裕国的外交，开发新的投资方式，大幅提高民间企业在海外资源开发上的融资规模，积极培养资源方面的专门人才。据韩国知识经济部最近的调查结果，2009 年度韩国大企业的海外资源开发投资计划高达 70 亿美元，比 2008 年的 57 亿美元增加了近 23%。70 亿美元的投资中将有 52 亿美元用于石油和天然气的开发，18 亿美元投入到煤炭、铜等六大矿产领域。由于韩国不断扩大海外能源开发投资，其自主开发率不断提高，到 2009 年底，韩国的石油天然气自主开发率大大超过 7.4% 的原定目标。

（三）加强国际和区域能源合作

加入国际能源署（IEA）。韩国在 2002 年 3 月正式成为国际能源署（IEA）的第 26 个会员经济体，并宣布将遵守建立战略石油储备、减少温室气体排放量以及改组电力部门等各项 IEA 经济体的共同目标。虽然实施 IEA 能源政策对国内能源市场会形成一定的冲击，但将获得更大能源安全性，扩大对国际能源市场影响力，以及建立更具效率和弹性的能源政策。

与能源丰富国家建立双边合作。2004 年，韩国和巴西决定建立在能源和矿产领域进行磋商与合作的机制，并签署了开采能源和矿产资源的备忘录。鼓励韩国企业积极参与巴西的基础设施建设计划，与巴西企业在石油勘探、能源、公路、铁路和港口建设等项目上进行合作。巴西最大的矿产企业淡水河谷公司与韩国浦项制铁公司签署了为期十年的铁矿石供应合同。韩国与哈萨克斯坦签订了《韩哈共同开发石油协定》和《韩哈关于和平利用原子能的协定》，加强了两国在能源领域的合作。

积极参与区域性的能源合作。在东北亚地区继续促进伊尔库茨克天然气开发可行性调查，连接来自俄罗斯的天然气输气管线，以利用俄罗斯东西伯利亚和远东地区的天然气资源，就近取得战略性资源，改善能源结构；探讨参与萨哈林石油、天然气开发，并着力构筑长期的东北亚能源合作体。

第四节　日本和韩国的能源政策

一　日本的能源政策

日本的能源政策，根据不同时期的不同需要，不断进行调整。

（一）日本大地震之前的能源政策

石油危机前的能源政策（战后至 1973 年）。为适应战后重建的需要（1945～1962 年），日本优先确保煤炭增产，为此提供所需要的劳动力、资金和物资，并通过官民一体的煤炭增产体制，实现经济复兴。20 世纪 50 年代煤炭业出现衰退，作为应对措施，在调整煤炭行业的同时，日本采取了"以煤为主、以油为辅"的方针。经济高增长时期到来后（1962～1972 年），日本将能源供给由煤炭转向石油，实行"以油为主、以煤为辅"的政策。1962 年，石油超过煤炭成为能源供应的第一品类。改革煤炭的产业结构，确保石油的稳定供给，并坚持进口石油在消费地纯化加工的原则。将石油加工能力、石油生产计划等置于政府的监督之下。

石油危机后的能源政策。1973 年发生了全球第一次石油危机，给石油依存度已经超过 70% 的日本带来了极大冲击。[①] 为了应对危机，日本政府设立"稳定国民生活应急指挥部"，内阁批准了《紧急石油对策纲要》，12 月又制定了《石油供应和需求优化法》和《关于国民生活稳定紧急措施法》，大规模开展节约能源消费的运动。1974 年美国、日本等主要石油消费国组成了"能源协调小组"和"国际能源署"（IEA），并通过了《国际能源纲领协议》（IEP），对建立紧急石油储备做出了规定——各国必须拥有不少于前一年 90 天石油净进口额的石油储备，并确定了紧急措施减少石油消费。石油危机后，日本高度重视能源供应，将保证供应视为国家未来发展的极为重要的政策，采取了必要措施，包括减少对石油的依赖以及争取实现能源来源多样化、确保石油的稳定供应、推广节能、研究和发展新能源等，把新能源的研究和开发作为一项长期的任务。

第二次石油危机后，日本在确保稳定的能源供应的同时，优化能源供应结构。1978 年推出了"月光计划"，旨在提高能源转换效率，开发和提高能源回收和利用技术；政府通过补贴来研究和推广节能技术，达到了能源利用效率的世界一流水平。1979 年，制定《关于合理使用能源法》（《节约能源法》），促进建筑和机械等领域全面节约能源。1980 年通过《替代能源法》，制定了"替代能源供应"的目标；促进石油替代能源技术的全面发展，建立了独立的新能源和产业技术

---

① 李明权：《日本全球变暖对策基本法案解析》，《现代日本经济》2011 年第 4 期，第 60 页。

综合开发的行政机构（NEDO）。同时，进一步节约能源。

日本重视完善法律，实行长期、全面的计划和措施。2003 年 10 月，日本政府提出了"基本能源计划"。2007 年 3 月进行了第一次修订，主要是应对全球气候变暖，扩大开发新能源，积极推动核电，确保石油和其他能源的稳定供应，并加强节约能源。2010 年 6 月，进行了第二次修订。

1. 调整和优化能源结构

大力开发利用可再生能源。日本可再生能源的开发技术已经达到较高水平。日本一直由国家推进新能源的开发，如太阳能、风能、生物质能等。日本政府还将清洁能源汽车和燃料电池等作为有助于扩大新能源的"创新性高性能能源利用技术"，加以开发和推动。这些能源有助于能源来源多样化并防止全球气候变暖。以太阳能电池为代表的可再生能源具有很大开发潜力，将推动经济的发展，而且可以发挥各地区独自的创意，甚至每个公民都可以参与能源供应。现阶段还存在着发电量不稳定和成本高的问题，有待于蓄电池开发等技术的进一步发展。

2002 年 6 月，日本颁布了《关于电力企业利用新能源等的特别措施法》（RPS）（以下简称《特别措施法》），2003 年 4 月实施。《特别措施法》规定零售供电企业（一般电力企业、特定电力企业、特定规模电力企业）有义务使用一定量的可再生能源的电力，主要包括风能、太阳能、地热能以及中小水力、生物质能、以生物质能为原材料的氢。其用量以经济产业大臣规定的未来"电力企业利用新能源等电力的目标"为基准，根据各个电力企业的售电量决定。2010 年，电力企业利用新能源电力的规定量为 124.3 亿千瓦时。

1974 年日本通商产业省工业技术院（现"独立行政法人产业技术综合研究所"）推出了"阳光计划"，重点研发太阳能、地热能、煤炭和氢能这四种石油替代能源技术。1980 年成立的新能源综合开发机构，将煤炭液化技术开发和大规模深层地热开发所必需的勘探采掘技术开发、太阳能发电技术开发作为重点项目加以研发。1993 年，日本把"阳光计划"与"月光计划"合并后推出"新阳光计划"，将过去独立推动的新能源技术开发、节能技术开发、地球环境技术开发统一起来同时推进。2001 年，中央政府部门重组，"新阳光计划"的研发课题以研发计划方式实施。

2005 年 10 月，原子能委员会在《原子能开发利用长期计划》基础上制定了《原子能政策大纲》，明确了未来 10 年日本核能政策的基本方针：一是 2030 年以后，核电承担目前的水准或高于目前水准的总发电量的 30% ~ 40%；二是对乏燃料进行循环处理，有效利用回收后的钚；三是争取在 2050 年前后快中子增殖反应堆投入商业运营。2010 年 11 月，原子能委员会决定制定新的大纲，为此设置了新大纲编制委员会，开始研究讨论新大纲的制定。2011 年 4 月，东京电力公司福岛核电站事故后，中止了新大纲的研究讨论。

推动核聚变的研发。独立行政法人日本原子能研究开发机构、核聚变科学研究所、大学等从事核聚变的研发工作，在有效利用国际合作的同时，重视相互协作，共同推动核聚变的研发。ITER 计划是国际共同研究开发的项目，目标是验证人类利用核聚变的科学和技术可行性。参加项目的七方包括欧盟（欧洲原子能共同体）、美国、俄罗斯、日本、韩国、中国和印度。作为 ITER 计划的尖端研发项目的补充和支撑，欧洲原子能共同体和日本政府在核聚变研究领域共同开展了更广泛的探索。在这两个项目中，日本在完成分担的设备制造工作的同时，认真研究开发核聚变的最前沿技术。在核聚变领域的双边合作方面，日本与美国、欧洲、韩国、中国签署了核聚变合作研究协议。在多边合作方面，日本在国际能源署签署了八个核聚变合作协议，同时，日本作为世界及亚洲的据点，积极参与国际能源署有关核聚变合作的活动，开展合作研究和研究人员交流。

保持煤炭利用技术的优势。日本的煤炭年进口量约为 1.6 亿吨，是世界上最大的煤炭进口国，国内消费的煤炭几乎全部依赖进口。燃煤电厂占日本一次能源的 20% 左右、发电量的 1/4 左右。2010 年 6 月，日本内阁通过《能源基本计划》明确了实现燃煤发电零排放和利用清洁煤的目标。日本在开展整体煤气化联合循环发电系统（IGCC）的优化和碳捕捉与封存（CCS）的大规模试验及技术开发的同时，力求把这些技术结合在一起，实现燃煤发电零排放的目标。日本努力通过对技术不断深入的开发和推进，将国内燃煤作为最新技术的实验场，长期保持煤炭利用技术的优势竞争力，并以此为基础向海外拓展。鉴于中国、印度等国煤炭进口的增加以及煤炭生产国优先保证本国煤炭需求和抑制出口的趋势，日本通过合作项目加强与煤炭生产国的关系，支援海外煤矿开发等，采取各种措施确保日本煤炭的稳定供应。

建立低碳的能源需求结构。日本十分重视节约能源。根据 1979 年制定的能源使用合理化相关法案（《节能法》），规定工厂必须有专职的能源负责人，通过完善工厂的能源管理促进产业节能。此外，强制要求汽车、家电等生产企业遵守节能标准的"领跑者制度"，加速节能技术的开发引进，不断改进设备的能源消耗率。在过去的 30 年间，日本能源效率提高了 37%。

构筑新能源社会体系。受自然条件限制，大量使用太阳能、风能等可再生能源并提供稳定的电力供应，不仅要有大容量蓄电池、备用电源等设备，而且需求方也要有使用措施。利用信息通信技术有效平衡供需，实现电力稳定供应的输电网"智能电网"受到重视。同时为有效利用能源，需要探讨包括人们整个生活方式在内的社会体系（智能社区），其中不仅包括电力，还包括热能、交通体制。2009 年 11 月，日本经济产业省召开了产业省内跨部门项目团队"新一代能源社会体系协议会"，并于 2010 年 4 月在国内的四个地区（横滨市、丰田市、京都府、北九州市）开展"智能社区"各种技术性课题、社会课题的实证项目的验证工作。同年 8 月，各地区制定了实证项目总体规划。

2. 建立石油储备制度

在 1974 年 2 月召开的石油消费国会议上，在美国的倡议下，包括日本在内的主要石油消费国成立了"能源协调小组"（ECG），并于同年通过了国际能源计划（IEP）协议，成立了隶属于经济合作和发展组织（OECD）的"国际能源署"（IEA）。为了加强成员国在紧急时期的能源自给应急能力，国际能源计划（IEP）要求各成员国必须保有相当于本国上年度 90 天净进口量的石油储备，并建立了包括减少消费的措施在内的紧急石油共享机制。在 20 世纪 70 年代应对两度石油危机的过程中，国际能源署成员国作为核心，石油储备得以增加。20 世纪 80 年代，日本等国采用的国家储备和德国、法国等采用的协会储备等公共石油储备进一步得到增强。截至 2010 年底，国际能源署成员国（仅限纯进口国）平均保有 146 天净进口量的石油储备。

1975 年，日本制定了《石油储备法》，规定民间石油公司有义务进行石油储备，同时还制定了"90 天储备增强计划"。1981 年底民间石油公司石油储备达到了 90 天的目标。1978 年国家储备法制化，1978 年 9 月开始利用油轮进行国家石油储备。1990 年 8 月，伊拉克军队入侵科威特引发海湾危机，日本的民间储备和国家储备这时已经达到约 140 天石油储备的水平，由于应急能力的提高，日本没有发生大的混乱。1998 年国家储备实现了 5000 万千升的目标。此后日本在保证国家储备的同时，逐步减少民间储备，1989 年，每年减少相当 4 天的民间义务储备，1993 年开始实行"70 天石油储备"体制。目前，日本政府健全了国家储备石油和国家储备基地设施，并委托日本独立行政法人石油天然气金属矿物资源机构（JOGMEC）对国家储备石油和国家储备基地设施进行统一管理，基地运营则由其再委托给民间公司。

日本的液化石油气消费占最终能源消费的比重约 5%，其中 75% 依赖进口，约 86% 的进口依赖中东地区。这种结构决定了确保稳定的液化石油气供应是非常必要的。1988 年，日本政府修订了《石油储备法》，规定进口液化石油气的公司必须保有相当于年进口量 50 天的储备，1988 年底达到了这一目标。2009 年底，日本液化石油气的民间储备量约为 57 天。除了民间储备，日本还制定了 150 万吨的国家储备目标，在全国 5 个地方建设了储备基地，2009 年底，日本国家储备的液化石油气约为 22 天。

（二）日本大地震之后能源政策的调整

在日本大地震和东京电力公司福岛第一核电站泄漏事故发生之前，日本一直在摸索建立一个提高"核能"依存度的能源社会，希望以此为基础，确保能源的稳定供应并解决环境保护问题。在日本大地震后，日本经济产业大臣海江田表示，日本大地震和福岛第一核电站事故动摇了日本能源政策的根基，日本接受了这个事实，并把这个经验用到日本的重建上。因此，为了研究未来能源政策的基本方向，2011 年 5 月 12 日召开了"未来能源政策的专家会议"。在 2011 年 5 月 26～27 日举行的八国集团多维尔峰会上，日本首相菅直人对日本大地震及福岛第一核电站事故后的能源政策发表讲话，指出日本要在之前"核能"和"化石能源"的两大支柱基础上，发展"天然能源"和"节能"两大支柱，打下四大支柱，开创能源未来。

日本政府决定在实现新的增长战略会议框架内，设立由负责国家战略的大臣担任主席、由经济产业大臣和环境大臣担任副主席的"能源与环境会议"，目的是为了在克服电力制约、加强安全措施的基础上，纠正能源体系的扭曲和脆弱性，研究和制定符合安全、稳定供给、效率、环境要求的创新型的能源环境战略，并在 2012 年出台相关政策。

在 2011 年 6 月召开的实现新的增长战略会议上，经济产业大臣海江田就新能源政策的基本思路做了说明：作为基本的理念，稳定供应、经济效益、环境相容性是不可改变的，但是必须认识到确保安全是大前提，特别是对于核电必须确保安全万无一失。核能、化石燃料、可再生能源、节约能源、能源体制改革、能源技术创新和国际化战略，将纳入未来发展的议程。

2011 年 7 月，在新的增长战略会议下设置的能源和环境会议上，总结出"当前能源供求的稳定措施"和"创新型能源和环境战略"的中期报告纲要，向实现新的增长战略会议做了报告。

"当前能源供求的稳定措施"的主要内容是：利用各种政策资源，以期实现的目标包括改革能源需求结构、实现能源供给结构的多样化、完成电力系统的改革、加快制定包括重新启动核安全在内的重点稳定能源供求的措施等。稳定措施还规定了普及节能产品、收费形式多样化、充分利用自发电能、电力系统改革的进度以及法规、制度改革一览表。

"创新型能源和环境战略"制定过程中整理出来的中期报告纲要中提出，在过去对能源供应的经济性和确保能源安全要求的基础上，建设一个与环境协调的、安全可靠的能源结构。该纲要确定了创新型能源和环境战略的理念和原则，即减少对核电厂的依赖，建立分散型能源体系，验证客观的数据等。该纲要针对短、中、长三个时期，即今后三年为期的短期、2020 年为期的中期、2020 以后的 30 年或者 50 年的长期，就节能、可再生能源、资源和燃料、核发电、电力体系、环境能源产业六个重点战略课题提出了论点。未来将以这个中期报告为起点开始全面讨论，把新能源最佳组合、新能源体系的形式具体化。计划在 2011 年底之前制定基本方针，在 2012 年适当的时候制定完成"创新型能源和环境战略"。

核泄漏事故发生之后，经过一年多的探讨和研究工作，2012 年 9 月，日本政府主管部门召开了能源环境会议，出台了资源环境发展的新型战略，① 这个战略对日本能源环境的未来发展具有指导意义。

在"创新型能源环境战略"的制定过程中，倡导全民参与，其指导思想是将"极少数人制定的战略"转变为"全民讨论制定的战略"。目的是通过所有国民的参与，将发生的核事故变成普及扩大可再生能源和节能的契机。因此，这个战略不是核能利用的"被动缩小战略"，而是化制约为动力的"前瞻性的发展战略"。

"创新型能源环境战略"的基本方针是通过最大限度地节约能源、利用可再生能源等绿色能源，减少对核电的依赖，抑制对化石燃料的依赖。战略提出的核心内容包括三个方面。一是尽早实现摆脱核电依赖的社会。以此作为出发点制定各种政策，实现 21 世纪 30 年代零核电的目标。在此之前，安全性得到充分保证的前提下，核电仍将被作为重要的电源充分利用。二是完成清洁能源革命。以包括消费者在内的各类行为者为主体，在加强推行"绿色增长战略"

---

① 日本国家戦略室：《革新的エネルギー・環境戦略》，2012 年 9 月 14 日，http：//www.npu. go.jp/policy/policy09/archive01.html。

的基础上，推动社会体制变革，建立在广大国民的配合下，节约能源能够自发自觉地得到普及和推广的社会体制。清洁能源将被确立为可持续发展社会的基础能源，提高稳定性并保护全球环境，同时打造新的经济增长点。三是实现能源的稳定供应。在利用化石燃料等能源资源方面，确保有足够的电源达到利用的高效率化，包括热能利用。同时，加快新一代能源技术的研究和开发。为了实现这三个核心目标，提出要进行电力体制改革，从根本上改变能源供需结构，通过消除垄断、鼓励竞争、发电输电分离和建立分布式网络，实现扩大清洁能源，提供低廉稳定的电力。

可再生能源的普及利用和节能直接关系到"防止全球变暖"问题的解决。为了减少温室气体的排放量，日本将继续进行长期的、有计划的努力来实现目标，并为世界其他国家提供先例。

1. 实现摆脱核电依赖的社会

日本当局提出实现摆脱核电依赖社会的三项原则。一是严格遵守现有核设施运转 40 年的限制规定；二是核设施的运转必须得到核监管委员会的安全确认；三是不再新建、扩建核电站。

在发挥原子能委员会在核能的和平利用等方面功能的同时，对该组织进行根本改革。为利用、保护和处理现有的核电设施，日本提出具体的政策措施。一是核燃料循环利用政策。建设铀浓缩设施、后处理厂、低放射性废弃物填埋设施，日本在接受海外再处理废物的临时存储和管理的同时，将努力开展后处理方面的工作，包括对以废物减容及降低有害度为目的的乏燃料处理技术、专烧炉等进行研究开发，在国际合作基础上，总结开发快中子增殖反应堆的成功利用，针对废物减容及降低有害度进行研究等。二是确保核电安全是至关重要的任务，担负着这一使命的是具有先进技术和高度安全意识的人才。为此政府将在 2012 年底前制定巩固并加强人才、技术的政策。在确保日本原子能研究开发机构（JAEA）等核发电相关行业人才不流失并能灵活使用的同时，通过支援产业界、大学等的技术开发和基础研究，培育新的原子能人才。三是推进国际合作。日本批准了"核不扩散条约"，一直在与美国等许多国家的密切合作中，推进包括核燃料循环利用在内的核能的和平利用。日本将与世界各国共享核事故的经验教训，努力改善世界核安全，并将根据对方国家的具体情况及其意向，向其提供世界上最高水平的拥有安全性的技术。四是对于核设施所在地区，要充分关注因国家的新要求而受到影响的地区，并采取措施。同时，对这些地区优先、重点实施包括鼓励引进清洁能源在内的各种政策。五是针对"国策民营"模式下建立的原子能行业体制，将就明确官民责任进行研究。关于核损害赔偿制度，将根据东京电力公司福岛核泄漏事故相关赔偿的实施情况及对上述情况的研究，对未来该制度的性质进行审议。

为落实政府提出的 21 世纪 30 年代零核电的任务，日本政府将在 2012 年底之前制定出"绿色政策大纲"作为扩展绿色能源的路线图，并制定具体措施，包括有明确完成日期的节电、节能目标，可再生能源的引进量，技术开发和推广的目标及实现该目标所需的预算、监管改革等。

日本能源结构在很大程度上受国际能源形势变化及技术开发利用的影响。现阶段对这种形势和趋势的未来发展进行准确的预测是极其困难的。因此，日本制定的能源战略强调要具备对未来形势变化的应对能力。政府将就国际能源形势、清洁能源普及情况、对国民生活和经济活动的影响、国民对原子能和原子能管理的信赖程度、地方政府对乏燃料处理的理解与合作情况、与国际社会的关系等问题，实行信息公开化和常态化，并不断修正政策方向。

2. 完成清洁能源革命

日本利用 IT（信息通信技术）及蓄电池的智能节能技术已经进入了实际使用阶段，可再生能源的研发工作也在加速进行。虽然目前仍然存在成本高、不稳定、基础设施不完善等经济和制度上的问题，但是日本已经明确将清洁能源作为主要电源的目标，依靠技术创新和政策引导推动清洁能源革命。同时还将在广泛的区域催生新的产业，刺激区域经济，提高能源安全保障，应对全球变暖。这不仅是利用节能和可再生能源替代核电，而且是构筑一个新的架构，使每个国民都从被动的电力消费者，变成分散型发电站或智能节能的主力。如果深入普及太阳能发电、蓄电池、燃料电池，家庭和社区将无须支付电费，并可以通过出售电力获得收入。清洁能源革命的实质是每个人都成为社会变革的主角。

日本制定了一系列具体的量化指标。在节电节能方面，通过设备更新、技术革命、研发新型隔热材料、智能节电、可再生能源利用等手段，实现 2030 年比 2010 年削减电耗量 1100 亿千瓦时以上、削减能源消费量 7200 万千升以上的目标。

在可再生能源利用方面，通过利用固定价格收购制度吸引民间投资发挥量产效果，实施对公共设施等的国家投资，扶持社区加快引进可再生能源，普及"环境影响评估法"，对太阳能和风能等不稳定电源采取系统性稳定化措施，确保火力发电，合理运用输电网，营造引进大型蓄电池的环境，加速高效率太阳能发电、海上风电和高密度蓄电池开发、先进的地热开发、高效生物质能发电的技术和材料开发，实现波浪能发电和潮汐发电等海洋能发电的商业化等措施，由 2010 年的 1100 亿千瓦时，提高到 2030 年之前开发 3000 亿千瓦时以上。

3. 确保能源的稳定供应

目前稳定且廉价的化石燃料是影响日本经济社会发展的重要因

素。燃煤发电的重要性日益增长。随着清洁能源的推广，化石燃料的消耗将减少。同时在火力发电方面，日本拥有最先进的高水平环保技术。因此，日本需要制定一个推广国际技术和经济增长结合在一起的战略。

未来一个时期，日本将高度利用火力发电。天然气火力发电中二氧化碳的排放量少。日本政府将建设国内输气管道，开发北美的进口渠道，实现天然气的稳定供应与低廉化，同时推进高效率的循环利用技术。燃煤火力发电作为基础电源，发挥着更重要的作用。日本将在海外推广具有高水平环保性能的燃煤发电技术，通过这些行动为防止全球变暖做出贡献。

最大限度地推广普及包括燃料电池在内的热电联产，促进能源的有效利用，加大对热电联产的支持力度。扩大使用可再生能源（地热能、太阳能、河水热能、污水热能、冰雪热能、生物质热能等）；促进有效利用城市生活垃圾热；研发新一代能源的相关技术，促进甲烷水合物等未利用能源、氢网络等新一代能源网络、CCS（二氧化碳捕获与封存）等新一代能源技术的实用化研究和开发。

确保稳定和廉价的化石燃料的供应。建立和加强与资源输出国家全面的互利关系，加强对日本公司收购上游开发权益的支持，保持能源市场的稳定，加强采购谈判能力，以确保稳定和廉价的石油、天然气和煤炭供应。根据"海洋能源和矿产资源开发计划"，加强海洋能源和矿产资源，如国内石油和天然气、甲烷水合物的发展。加强国内的供应基础设施建设，如支持天然气管道建设。稳步推进备灾、石油储存和保持加强供应链的保障工作。

4. 修改《矿业法》

日本资源开发的内外环境发生了巨大变化，在全球资源需求增加、资源价格上涨和波动的情况下，确保资源安全的形势日益严峻，获得资源的国际竞争日趋激烈，各种主体在世界各地区纷纷开发资源。尤其是近年在日本周边海域，除了已查明的石油和天然气以外，还查明存在海底热液矿床和甲烷水合物等非常规资源，并受到高度重视。以往被认为资源储存可能性小、开发经济价值低的日本，未来也有可能在资源开发方面取得实质性进展，人们对这种资源开发的期待值不断增加。然而，日本战后不久制定的现行矿业法规，存在着资源勘探活动无序的问题。《矿业法》自 1950 年颁布后，一直没有做过全面修改，主要存在的问题有：一是由于缺乏对采矿权申请人的技术能力等方面的要求，无法保证主体的合适性，存在能力缺乏的、在资源政策上不合适的开发商申请采矿的问题；二是由于制度上是先申请的人优先取得矿区，所以暂时没有开发意愿的人也提出申请；三是由于没有资源勘探的监管，普遍存在着无序资源勘探情况，特别是在海域，有疑似外国船只进行资源勘探。因此，基于资源开发所面临的严峻的内外部环境，在制度上保证合理管理国内资源的同时，由合适的主体进行合适开发，日本时隔 61 年对《矿业法》做出了修改。

《采矿法修正案》规定了以下制度。一是追加了申请采矿权的批准条件。为了做到由合适的开发商进行合理的资源开发，在申请采矿权的批准条件中做了追加，必须拥有技术能力和财政基础，申请采矿者进行的采矿不会妨碍促进公共利益。二是建立了申请采矿权的新程序。关于对国家经济尤为重要、必须确保其稳定供应的特定矿产（如石油和天然气），修正了现行的申请在先的程序，规定了在合理的管理下，由最合适的开发商得到采矿许可的程序。《矿业法》颁布与实施的程序是，2011 年 3 月内阁做出决定；2011 年 4 月提交国会；2011 年 7 月颁布。颁布之日起 6 个月内，自内阁令决定的日期开始生效。

二 韩国的能源政策

韩国的主要能源来源是无烟煤、石油、天然气、水电，但其化石资源以及可开发利用的用于发电的水力资源都很稀缺，能源供给几乎全部依赖进口。政府为了实现稳定的能源供应，除了积极推动国内天然气等的资源开发，还一直积极推动在海外的资源开发和进口国的多元化。在促进高效利用能源的同时，韩国近年来也在推动可再生能源的发展。

2008 年 8 月，在由总统主持的国家能源委员会第三次会议上，通过了能源基本法制定后的第一个国家能源基本规划。国家能源基本计划，是韩国能源领域最高级别的战略计划，每隔五年制定一次，其制定和实施对韩国能源产业乃至国民经济全局都将产生重大影响。第一个国家能源基本计划根据"低碳绿色增长战略"的基本要求，制定了未来 20 年国家能源战略的具体目标和实施方案。主要目标包括：到 2030 年将石油等化石燃料所占比重由 83% 降到 61%；新能源与再生能源的比例增加 4.6 倍，即由 2007 年的 2.4% 提高到 11%；计划到 2030 年新建 10 座 140 万千瓦级核电站，将核电在能源构成中所占比重由 2007 年的 36% 提高到 59%。

商业工业与能源部（MOCIE）是韩国能源矿产政策的行政管理机构，管理韩国主要的能源公司，内设能源和资源政策局、能源产业局和电力产业委员会。具体来说，韩国制定的能源政策主要表现在以下几个方面。

（一）提高天然气、核能及其他可再生能源比例

韩国政府采取很多措施来分散能源供应结构。

首先是促进天然气的使用。韩国通过联合循环发电、天然气制

冷和压缩天然气动力车等技术的使用进一步促进了天然气产业的发展。20 世纪 90 年代末韩国政府宣布天然气工业改革计划，在天然气工业市场中已引入了竞争机制，并逐步开放液化天然气的进口业务。

其次是鼓励开发核能。韩国能源政策中将核能视为主要的电力来源，韩国科学与技术部（Ministry of Science & Technology）全权负责核能研发、核能安全与核能防护。韩国自 20 世纪 70 年代即开始兴建核能电厂，1987 年开始与西屋公司进行为期十年的技术移转计划以求达到技术自主。目前，韩国从核电站的设计到建设，整个领域的技术自主度达到 95%，共有 20 座核电站全部是按照自己的核技术建造。日本大地震发生后，韩国知识经济部部长崔重卿表示，不放弃核发电计划（在 2030 年之前核发电量占发电量市场份额的 59%）。在核发电方面，日本设施的利用率是 63.3%，而韩国已经达到 91.1%，做到了更为经济地使用核能发电。2009 年 12 月韩国击败法国、美国和日本等竞争对手，获得阿联酋一份价值至少 200 亿美元的核电站出口合同，韩国也因此成为世界上第六个"出口"核电站的国家。[①]

最后是提高其他可再生能源的比率。韩国政府曾在 2003 年确立了新型和可再生能源技术的研发与推广规划，并且制定了逐年详细的计划和目标。为发展新型和可再生能源技术，韩国政府选择了三个有市场发展潜力的主要领域：氢燃料电池、光电能源和风力，并且集中资助这些领域。针对太阳能、风能、小型水力、掩埋场沼气及废弃物焚化热能五种新的可再生能源所产生的电力，提供五年的发电成本与平均市场电价差异补贴。该计划的目的是进一步提高韩

---

① 李明波：《韩国核技术发展令世界惊讶》，《广州日报》2010 年 1 月 6 日第 A12 版。

国新的可再生能源发电量。为推广新的可再生能源的使用，韩国商业工业和能源部还推出一项再生能源示范计划，选定特定地点建立"绿色村"来实际示范使用各种新的可再生能源，以供厂商研究和发展。2008 年韩国政府为了进一步支持太阳能发电和风力发电等可再生能源的开发，制定了为期五年的相关预算，政府对可再生能源开发的相关预算总计为 4.4 万亿韩元，比前总统卢武铉当政时增长了两倍以上。虽然经过很多努力，但韩国可再生能源比率仍远低于发达国家，可再生能源发电量在全部发电量中所占的比例，仅由 2008年的 2.43% 上升到 2010 年的 2.61%。

（二）重视节能与环保

韩国主要通过采取节能运动、调整能源价格比例等措施促进能源效率的提高。例如在 1973 年第一次石油危机之后，韩国政府通过成立"能源消费节约促进委员会"，开展能源节约运动。进入 20 世纪 80 年代，能源节约运动进一步深入，在产业部门，以建立能源低耗型产业结构为目标，将石油事业基金用于淘汰落后设备，改用高效设备。同时以能源管理机构为中心进行技术指导，推动确立"长期能源单位缩减计划"，确定主要业种的单位生产额所需的能源量。到 20 世纪 90 年代，韩国成立了以总理任委员长的"国家能源节约促进委员会"，负责制定韩国长、短期能源效率改善对策，通过改善能源利用制度和适当的奖励措施引导消费者主动节约能源，以缓解国际社会能源供应紧张给韩国带来的压力。[①] 韩国政府力求通过开展全民能源节约活动，扩大对能源节约设施的投资，搞活能源技术开发，提高能源利用率，将经济社会结构向能源低耗型转变。韩国还

---

① 张友国：《日韩经济－能源－环境政策协调机制及启示》，《当代亚太》2007 年第 11 期，第 53 页。

调整能源的比价体系，促进节能和产业结构向低能耗转变。另外，韩国政府进行了能源价格的改革，重整能源的比价体系，通过能源价格水平合理化来促进节能和向低能耗产业转变。

韩国根据《京都议定书》的要求，努力节约能源和减少温室气体的排放。采取的措施包括节约能源，提高能源效率，增加核电和天然气等清洁能源在能源消耗中的比例，积极发展新型和可再生能源技术，制定环保和低碳的能源体系等。

（三）增加石油储备

韩国石油储备体制是由国家储备与民间储备组成。韩国政府于1979年成立了"韩国石油公社"，专门负责储备基地建设、储备石油的管理和运营，国家储备是战略石油储备的核心。1980年韩国政府制定的石油储备是达到国内60天的消费量。1993年，政府正式确定了民间石油储备制度，规定民间石油企业要保持30～60天的石油库存，主要由5家炼油厂、2家LPG进口商、17家油品进口商和5家石化企业承担。1995年韩国政府决定再增设7个储备基地。随着油价的上涨和国内消费量的激增，2003年，韩国政府再次修改了石油储备计划，目标为石油储备可维持101天的消费，其中政府储备维持48天，民间储备维持53天。[1] 2008年，韩国政府和民间的石油储备相当于75天的用量，为1.5亿桶。在世界上，韩国石油储备排名第六位。[2]

韩国政府进行石油储备的资金主要来源于石油进口的附加税。韩国法律规定，韩国进口商每进口一升石油或石油加工产品，都要向政府缴纳13韩元的附加税。附加税收入用于建立"石油价格缓冲

---

① 《德国和韩国石油战略储备》，《中外能源》2007年第6期，第115页。
② 詹小洪：《韩国应对能源危机之道》，《新民周刊》2012年第15期，第25页。

储备基金"，以应对石油价格波动和石油供给中断，除此之外的资金不足部分则由财政拨款或银行贷款来补充。在石油价格急剧上升和石油供给中断的情况下，政府将设定石油产品的目标价格，石油加工企业必须按此价格向市场供应石油产品，政府则利用"石油价格缓冲储备基金"对石油加工企业给予补偿。

第五章

中国能源安全形势与能源政策

随着我国经济的持续发展，能源需求量和进口量也在不断增加，我国能源安全面临着严峻的形势，东北亚地区内的能源合作能够确保区域能源市场的平衡，对于保障我国和区域内各国能源安全具有不可替代的优势和作用。本章对中国能源资源储备、能源生产、能源消费、能源贸易等基本能源情况的现状进行概括，对中国目前的能源安全政策进行总结，并对中国未来能源资源发展趋势进行预测。

第一节 中国能源供给

一 中国能源生产

中国能源产量逐年增加，目前约占全球能源生产总量的 11%，仅次于美国和俄罗斯，居世界第三位。其中，煤炭产量 2012 年达到 18.25 亿吨油当量，占世界煤炭总产量的 48%，居世界第一位，长期以来煤炭产量在中国一次能源生产结构中的比重高达 70%；原油产量 2012 年达到 2.075 亿吨，居世界第五位，其在一次能源生产结构中的比重在 2000 年以后逐年下降，2012 年大约为 10%，是 1980

年以后的最低水平；天然气产量 2012 年为 0.965 亿吨油当量（见表
5-1），其在一次能源生产结构中的比重为 3% ~ 4%。可以看出，
中国仍然是以产煤为主，而石油和天然气受资源禀赋的制约，生产
量所占比重较低。

表 5 - 1　中国能源产量

年份	原油产量 （百万吨）	天然气产量 （百万吨油当量）	煤炭产量 （百万吨油当量）
1981	101.2	11.5	309.9
1990	138.3	13.8	542.6
1995	149.0	16.2	686.3
2000	162.6	24.5	656.7
2005	180.8	44.4	1119.8
2010	203.0	87.1	1800.4
2012	207.5	96.5	1825.0

二　中国的能源工业发展

我国能源工业经过改革，管理体制和价格体制逐步与国际接轨，
现代化水平提高，整体实力明显增强。

（一）油气工业

中国油气工业管理体制经历了一系列重大调整之后，目前主要有
三大油气公司：中国石油天然气集团公司、中国石油化工集团公司和
中国海洋石油总公司。三大油气公司经过重组、改制和上市后，呈现
出强劲的发展势头，取得了较好的经济效益。2009 年三大公司销售收入
为 28199 亿元，其中，中石化销售收入最高，其次是中石油，最后是中
海油。三大公司利润总额为 2627 亿元，虽然中石油的销售收入比中石化
低，但利润却是中石化的 1.6 倍，中海油利润最低（见表 5 - 2）。

中国石油天然气集团公司是一家集油气勘探开发、炼油化工、

油品销售、油气储运、石油贸易、工程技术服务和石油装备制造于一体的综合性能源公司。2009 年，在世界 50 家大石油公司综合排名中居第 5 位，在《财富》杂志全球 500 家大公司排名中居第 13 位。

表 5 - 2　中国三大油气公司主要经济指标

单位：亿元

	年份	中国石油天然气集团公司	中国石油化工集团公司	中国海洋石油总公司	三大公司合计
销售收入	2001	3365	3471	304	7140
	2003	4300	4570	492	9362
	2006	6890	10446	1208	18544
	2009	12183	13920	2096	28199
利润总额	2001	530	170	97	797
	2003	700	226	144	1070
	2006	1422	506	481	2409
	2009	1286	817	524	2627

资料来源：中国石油天然气集团公司、中国石油化工集团公司和中国海洋石油总公司。

（二）煤炭工业

自 1949 年以来，中国煤炭行业从小到大、由弱到强，原煤年产量由 1949 年的 0.32 亿吨增加到 1989 年的 10 亿吨以后，煤炭产量不断增长，2010 年产量更超过 32 亿吨。地质勘探技术、采煤机械化程度、洗选加工技术、劳动效率等都得到了很大提高。

但由于中国过去实行"国家、集体、个人一齐上"的煤炭工业发展方针，众多生产者进入煤炭生产领域，不仅规模过小，而且 50% 以上采取原始的采掘方法，煤炭资源浪费严重，安全生产存在问题。2000 年，全国矿井平均每处产煤量只有 3 万多吨，国有重点煤矿矿井平均年生产能力为 80 万吨，是先进采煤国家的 1/3 左右。从市场占有率来看，中国的煤炭企业与世界主要产煤国煤炭企业有很大的差距（见表 5 - 3）。

表 5–3 中国与世界主要国家煤炭企业市场占有率比较

单位:%

名　　称	市场占有率	名　　称	市场占有率
德国硬煤	100	神华集团	4.98
俄罗斯煤炭	96	兖矿集团	3.31
印度煤炭	89	大同公司	3.21
南非萨索尔	33	开滦公司	2.05
澳大利亚 BHP	24	平顶山局	1.98
美国皮博迪	19	淮　北　局	1.83
		西　山　局	1.75
		淮　南　局	1.65

资料来源:赵经彻:《国际化、现代化与可持续发展——中国煤炭工业的振兴之路》,《管理科学文摘》2002 年第 9 期,第 49 页。

煤炭生产过度分散,不仅使我国煤炭安全生产投入不足,环境投资不经济,而且生产技术改进缓慢,大多数煤炭企业生产方式落后,生产力水平极低,缺乏国际竞争力,无法打入国际市场。因此,必须改变中国煤炭产业组织形式,提高产业集中度。[1]

(三) 电力工业

在 20 世纪 80 年代,中国缺电问题十分突出,为了解决这个矛盾,中国开始大规模集资办电,到了 1995 年,经历了 10 年发展的中国电力工业行业终于突破了电力短缺的瓶颈,缺电的矛盾得到了有力的缓解。1997 年 1 月,国家电力公司成立,电力体制改革开始进入实施阶段。

国家电力公司(以下简称"国电")的成立是基于原电力部提出的"公司化改组、商业化运营、法制化管理"的改革方向,其使命从一开始就是明确的:除了自身要逐步完成公司化改制,真正实现政企分开外,作为行业内最大的占据绝对主体地位的公司,国电

---

[1] 梁姗姗:《基于产业集中度的中国煤炭产业结构优化研究》,《中国矿业大学学报》(社会科学版) 2009 年第 2 期,第 86 页。

当时承担了协助有关部门推进电力工业改革的重任。一年后，电力部撤销，国家电力公司则颁布了《国家电力公司系统公司制改组实施方案》，确定了"政企分开、省为实体"和"厂网分开、竞价上网"的主要改革思路。但"省为实体"造就了各自独立的电力小市场，妨碍了更大市场的形成和跨省资源的优化配置，使地方垄断电价成为可能。2002年3月，国务院正式批准了《电力体制改革方案》，4月国家计委公布了《电力体制改革方案》内容，确立了电力体制改革的总目标，明确了电力体制改革的主要内容。电网环节分别设立国家电网公司和中国南方电网有限责任公司，国家电网公司下设华北、东北、华东、华中和西北五个区域电网公司。

经过一系列改革，中国电力工业实现跨越式发展。2010年，电力生产量为42065亿千瓦时，是1949年的978倍。2010年全国发电装机容量为9.62亿千瓦，同比增长10.07%，五年年均增长13.22%。其中水电装机容量为2.1亿千瓦，火电为7亿千瓦。电力装机容量规模从1996年起稳居世界第二。另外，电网建设进入大规模跨省跨区送电和全国互联的新阶段。总投资达5265亿元的西电东送工程，是在我国电力建设史上投资规模最大的电源、电网建设工程。我国电网建设已经具备建设特高压电网技术，500千伏直流输电设备实现了国产化，750千伏示范工程建成投运，正负800千伏直流、1000千伏交流特高压输电试验示范工程开始启动。

（四）核电工业

中国正在运转的核电机组有13个，2010年核能发电量约占总发电量的2%。2003年9月发布的国家发展和改革委员会电力发展原则提出"积极发展核电"，目前中国有30个33吉瓦的核电机组正在建设中，其增建规模是世界上最大的。中国政府已定下目标，到2020年，核电站的装机容量要达到86吉瓦。此外，2011年3月开始实施第 12 个五年计划，该计划提出了在确保安全的基础上高效发展核电的方针。福岛核事故后，历经数月的大检查和论证报告，2012 年 5 月 31 日，国务院常务会议原则通过了《核安全与放射性污染防治"十二五"规划及 2020 年远景目标》（简称《核安全规划》），表明中国决心在确保安全的前提下，继续妥善有效地开发核电，以实现能源发展的现代化和多元化。[①]

第二节　中国能源消费

1949 年以来，中国为实现"自给自足"，即能源自给的目标，大力发展能源产业，积极推动化石能源资源的商业化生产。因此，很长一段时间，中国曾是一个原油和其他化石能源的出口国。

随着中国经济的增长，能源消费量呈快速增加的趋势，特别是 2000 年以后，能源消耗年增长率达到 13%，2010 年能源消费量达到 24 亿吨油当量，仅次于美国，居世界第二位，2012 年达到 27 亿吨油当量，居世界第一位。中国已经是能源消费大国。由于中国煤炭资源丰富，价格低廉，有很大的竞争力和市场空间，因而形成了以煤炭为主的消费结构。煤炭消费量 2012 年约 18.7 亿吨油当量，居世界第一位，煤炭消费量在能源消费中的比重达到约 70%；石油消费量 2012 年约 4.8 亿吨，仅次于美国，居世界第二位；天然气消费量 2012 年达到 1438 亿立方米，天然气消费量在能源消费中所占份额一直处于增加的趋势，由 1990 年的 2.1% 增加到 2010 年的 4%；另外核电和水力发电消费量也明显增加（见表 5 - 4）。中国以煤炭为主的消费结构使中国面临着环境污染、煤炭运输和能源利用效率

---

① 尚前名：《全球核电在建规模最大　中国核电再抉择》，《瞭望》2012 年 9 月 13 日。

低等多方面的压力。根据国际能源署（IEA）的分析，预计中国
2035 年的能源消费量将比 2008 年增加两倍左右。

表 5-4　1980~2012 年中国能源消费量

年　份	石油 （百万吨）	天然气 （十亿立方米）	煤炭 （百万吨油当量）	核能 （TWh）	水力发电 （TWh）
1980	85.4	13.0	305.1	—	58.2
1990	112.8	14.7	529.9	—	126.7
2000	223.6	24.5	667.4	16.7	222.5
2005	327.8	46.8	1100.5	53.1	397.0
2010	428.6	109.0	1713.5	73.9	721.0
2012	483.7	143.8	1873.3	97.4	860.8

第三节　中国的能源贸易

我国能源贸易额逐渐增加。石油贸易在我国能源贸易中占有较大
的比重，自 1993 年我国石油进口量超过出口量以来，石油进口量逐年
增加，1996 年我国成为原油净进口国，2007 年，我国石油进口量超过
2 亿吨，仅次于美国、日本，居第三位。到 2010 年，中国石油进口量
达到 2.54 亿吨，超过日本成为世界第二大石油进口国。石油进口依存
度约为 60%，其中原油净进口量为 2.4 亿吨，占石油总净进口量的比
例由上年的 91% 升至 93%。[①] 中国原油进口来源中，中东地区所占
份额虽然呈下降趋势，但仍是中国原油进口的主要来源地，目前约
占 47% 的份额；非洲地区所占份额逐渐增加，目前约占 30%。沙特
阿拉伯是中国最大的原油供应国，其份额占 21%；非洲的安哥拉为
中国第二大原油供应国，其份额占 16%。我国成品油的主要进口来
源地主要为俄罗斯和韩国，所占份额分别为 37% 和 19%。

---

① 中国海关统计。

中国煤炭资源丰富，经过多年的发展，中国煤炭出口已具备了稳定的市场、相当的规模和一定的竞争实力。煤炭出口量从 1995 年的 2753 万吨增加到 2000 年的 5884 万吨，平均每年增长 18.96%。2001 年我国煤炭出口量达到了最高峰，为 8590 万吨，占世界煤炭贸易市场份额的 14%，成为世界第二大煤炭出口国。2003 年我国煤炭出口量达到 9395 万吨，比 2002 年显著增长，逼近 1 亿吨的大关。之后出口量呈下降趋势，2011 年，中国煤炭出口量只有 1466 万吨，比最高时减少了 80%。① 中国出口的煤炭主要是动力煤，其出口量占总出口量的 78%，炼焦煤和无烟煤的比重分别为 14% 和 8%。我国煤炭出口的市场主要集中在亚洲，大约占 90%，欧洲占 4%。而亚洲的市场又主要集中在韩国、日本、中国台湾和中国香港，合计占中国煤炭出口市场的 84%。

改革开放后，中国东南沿海地区的电力、钢铁和化工企业从澳大利亚、新西兰、印度尼西亚、南非、越南、俄罗斯等国进口少量动力煤、炼焦煤和无烟煤，进口煤的数量稳定在 200 万吨左右，1996 年因国内煤炭供应紧张，进口煤增加到创纪录的 320 万吨。随着国内煤炭供应缓和，1997~1999 年进口煤量呈下降趋势。2000 年后，煤炭的进口量开始回升，到 2003 年中国煤炭进口量增加到 1102.7 万吨，2009 年进口量激增至 1.25 亿吨，比 2008 年增加 8498 万吨，增长 200% 多。这主要是由我国煤炭国内市场需求旺盛和国际煤炭市场价格下降所致，目前我国已成为煤炭净进口国。2011 年全年我国进口煤炭 1.82 亿吨，同比增长 10.8%；出口煤炭 1466 万吨，下降 23%；净进口煤炭 1.6734 亿吨，增长 15.2%。②

---

① 王震：《我国煤炭进出口现状及展望》，《煤炭经济研究》2012 年第 7 期，第 20 页。

② 中国国家发展和改革委员会发布的数据。

天然气消费量在我国能源总消费量中的比重为 3% ~ 4% ，我国天然气生产量基本可以满足需求。我国天然气进口量很少，从澳大利亚等国进口大约 76 亿立方米的液化天然气。但由于过多地使用煤而引发的环境污染问题和日益增加的石油进口压力，中国必定会调整能源结构，提高天然气在我国能源消耗中的比例，天然气消费比例世界平均水平是 24% ，因此未来我国天然气的进口也将持续增加。据预测，到 2020 年，中国的年均天然气消耗量将从 300 亿立方米上升到 1600 亿立方米，而其占总能源消耗量的比例也会从 3% 上升至 16% ，但只能有 1100 亿立方米产自国内，进口天然气将占总额的 34% 。

第四节　中国的能源政策

中国能源政策的制定和实施，走过了一条逐渐系统化、规范化、合理化的发展道路。特别是"十五"计划以来，中国的能源发展战略与政策开始向全面化和成熟化迈进。2004 年 6 月，中国通过了《能源中长期发展规划纲要（2004 ~ 2020 年）》（草案）（以下简称为《纲要》），以指导未来中国能源发展方向。《纲要》的内容主要体现为以下几个方面。一要坚持把节约能源放在首位，实行全面、严格的节约能源制度和措施，显著提高能源利用效率。二要大力调整和优化能源结构，坚持以煤炭为主体，以电力为中心，油气和新能源全面发展的战略。三要搞好能源发展合理布局，兼顾东部地区和中西部地区、城市和农村经济社会发展的需要，并综合考虑能源生产、运输和消费合理配置，促进能源与交通协调发展。四要充分利用国内外两种资源、两个市场，立足于国内能源的勘探、开发与建设，同时积极参与世界能源资源的合作与开发。五要依靠科技进步和创新。无论是能源开发还是能源节约，都必须重视科技理论创新，广泛采用先进技术，淘汰落后设备、技术和工艺，强化科学管理。六要切实加强环境保护，充分考虑资源约束和环境的承载力，努力减轻能源生产和消费对环境的影响。七要高度重视能源安全，搞好能源供应多元化，加快石油战略储备建设，健全能源安全预警应急体系。八要制定能源发展保障措施，完善能源资源政策和能源开发政策，充分发挥市场机制作用，加大能源投入力度。2005 年 5 月成立了国家能源领导小组，作为国家能源工作的高层次议事协调机构，其主要任务是研究国家能源发展战略和规划，研究能源开发与节约、能源安全与应急、能源对外合作等重大政策，向国务院提出建议。领导小组办公室设在国家发改委，承担领导小组日常工作。

2007 年 4 月，国家发展和改革委员会公布了《能源发展"十一五"规划》，使我国未来五年能源发展的总体蓝图和行动纲领浮出水面。"十一五"时期我国能源建设的原则是优先考虑节约能源，立足于国内能源供应，以煤炭资源为基础，促进能源来源多样化，优化供需结构，促进国际合作，构建稳定、经济、清洁、安全的能源供应体系。具体安排是：有序发展煤炭；加快开发石油天然气；在保护环境和做好移民工作的前提下积极开发水电，优化发展火电，推进核电建设；大力发展可再生能源。油气开发将按照"挖潜东部、发展西部、加快海域、开拓南方"的原则，通过地质理论创新、新技术应用和加大投入力度等措施，努力增加产量。

在可再生能源政策方面，2008 年颁布了《可再生能源发展"十一五"规划》，目标是 2010 年可再生能源消费量占能源消费量的比例达到 10%，主要是发展风力发电、生物质能。

《能源发展"十一五"规划》强调要积极发展核能，设立了在2020 年核电装机容量达到 86 吉瓦的目标，开始了新核电站的建设等。日本核泄漏事件后，温家宝同志提出：暂停审批新的建设计划，开始对中国境内所有的核电厂进行安全检查，对正在运行的设施加强安全管理。但核电对许多国家来说依然是应对能源短缺和全球变暖的重要选项之一。

"十二五"期间，全球能源领域出现新的发展趋势：能源安全问题日益突出，能源低碳化进程明显加速，能源科技竞争更趋激烈，发展中国家成为能源消费重心。特别是我国，到 2020 年能源需求仍将处于较快增长阶段，未来我国将面临能源需求快速增长与资源短缺，能源开发强度加大与生态环境保护滞后，能源供应重心与需求重心逆向分布，能源技术装备需求大国与科技自主创新能力不足，城市与农村能源发展不平衡等诸多矛盾，严重影响我国能源全面协调可持续发展。因此，我国《能源发展"十二五"规划》制定了八个方面的主要任务：一是大力发展非化石能源，包括大力开发水电，加快发展核电，积极发展风电，扩大利用太阳能，科学开发生物质能和稳步发展其他可再生能源；二是优化发展化石能源，主要是加强煤炭集约安全开发和推进煤炭高效清洁利用，促进石油稳产增储和推进石油炼化集约发展，推动天然气跨越式发展；三是加强能源基础设施建设，优化发展火电，加快构建现代化电网体系，加快石油管网建设，大力发展天然气管网，加强新能源汽车供能设施建设；四是加快农村能源发展，包括因地制宜推进农村能源综合利用，全面提升农村电气化水平，推动城乡能源一体化建设，加强边疆地区能源供应保障；五是加强能源资源节约与综合利用，节约开发能源资源，提高转化利用效率，加强资源综合利用，完善能源需求侧管理，深化重点领域节能；六是加强科技创新能力建设，推进重大前沿科技攻关，加快先进使用技术研发应用，开展重大技术工程示范，提高装备自主化水平，创新科技体制机制，强化能源人才建设；七是深化能源国际合作，完善国际合作机制，深入实施"走出去"战略，进一步扩大对外开放，积极拓展国际贸易；八是推进体制机制改革，推进重点领域和关键环节改革，加强财税和金融政策调控，改进能源投资管理，强化能源行业管理。

第六章

东北亚区域能源的合作与竞争

目前，东北亚区域各国在能源领域既有合作又有竞争。一方面，中、日、韩三国的经济发展都极度依赖能源进口，而由历史形成的独特的地缘政治经济关系和能源进口渠道的趋同性，都极易导致东北亚三国在国际能源市场中相互竞争。目前这种能源竞争围绕俄罗斯远东和西伯利亚地区、里海地区、非洲地区等展开。东北亚的这种区域能源竞争实际上会直接影响东北亚能源市场的稳定性和各国的能源安全性。这种能源竞争的恶性化发展，必将制约东北亚各国的长期发展和整个地区的共同繁荣。另一方面，由于东北亚各国在开展区域能源合作、保障自身能源安全方面有共同的利益，因此区域内双边和多边能源合作也取得一定的进展，其中既包括能源资源国与能源进口国的合作，又包括能源进口国之间的合作。

第一节　东北亚区域能源双边与多边合作

一　东北亚区域能源合作的必要性

（一）防范突发的能源市场风险

东北亚区域能源合作能够促进区域能源供给的稳定性，共同防范突发的能源市场风险。近年来，国际能源价格变动的长期趋势说明，国际石油价格的变动往往受多种因素的干扰，变动频繁，且波动幅度较大。而石油价格的不确定性对东北亚各国的经济均有显著的影响。就俄罗斯而言，能源业是国民经济的支柱产业，能源产品出口是经济增长的重要支撑（石油收入约占其年财政收入的40%，占出口创汇的50%）。[①] 因此，俄罗斯国家的经济状况极易受国际市场油价波动的影响，油价下行会减少国家的财政收入，极端情况下会导致整个经济形势的恶化，进而影响政局的稳定和社会的安定状态。

对于日、韩等东北亚区域的石油进口国而言，油价的上涨导致生产成本的攀升，影响出口产品的国际竞争力，破坏国际收支平衡，极端情况下也会导致通货膨胀和经济衰退。而就中国这样的发展中国家而言，由于能源利用效率较低，对能源价格的敏感性要比日本和韩国等发达经济体更强，同时受外部融资渠道的限制，能源价格的波动对于中国的影响要更为明显。因此，为了降低国际市场能源价格波动的风险，有必要通过东北亚区域能源合作，提高东北亚各国应对能源价格冲击的能力。

（二）保证能源稳定供应

目前中、日、韩三国的油气资源进口主要来自中东地区，运输依靠海运，路线较长，且所经过的地区局势不稳定，油气资源的运输得不到安全保证。从这个角度看，通过东北亚区域能源合作，加大从俄罗斯进口的油气份额，有助于实现资源供给的多元化，对于保证能源供应的稳定性和运输的安全性均具有战略意义。另外，"9·11"之后，为应对国际恐怖主义势力，中、日、韩三国都在海

[①] Р. Гринберг － Российская структурная политика：между неизбежностью и неизвестностью. Вопросы экономики. 2008. № 3, ст. 56. 〔俄〕格林贝格：《俄罗斯的结构政策》，〔俄〕《经济问题》2008年第3期，第56页。

外进行能源基础设施方面的投资，但这种投资往往分散，各自为战。如果能够在保护能源基础设施及运输航道方面进行资源整合，则不仅可以降低能源运输安全的维护成本，而且有助于东北亚各国之间的政治安全与军事互信，保证东北亚区域能源的稳定供应。

（三）保障东北亚能源输入国共同利益

长久以来，OPEC 的主要石油输出国往往出于政治、经济等方面的考虑，对不同地区的原油出口采取不同的计价公式，亚洲地区的原油买价往往要高于欧美国家支付的价格，这种"价格歧视"即所谓的中东原油的"亚洲溢价"（Asian Premium）。经统计，亚洲国家购买沙特阿拉伯轻油的价格几乎总是高于欧美国家 1～2 美元/桶。

"亚洲溢价"的存在使东北亚的日本、韩国、中国等主要石油进口国一直在中东原油进口中支付不合理的溢价，这使得东北亚国家在国际能源市场中处于相对不利的位置。2010 年，中国和日本分别从中东相关国家进口原油大约 238 万桶/天和 261 万桶/天，按 2 美元/桶溢价计算，中、日两国每天多支付近 1 亿美元。这严重损害了亚洲国家的共同利益。

这个问题不能靠某个国家单方面的努力在短时间内解决，需要东北亚各国形成东北亚区域能源市场，通过统一协调的能源战略，形成统一的协商和购买力，这样才能加大东北亚各国与 OPEC 各国在石油定价上的影响力，节约东北亚地区各国的开支，维护东北亚能源输入国的共同利益。

（四）有利于俄罗斯战略利益的实现

东北亚能源合作符合能源出口国俄罗斯的战略利益。[①]

首先，符合俄罗斯亚太战略的实施。俄罗斯通过加快东西伯利

---

① 朱显平、李天籽：《东北亚区域能源合作研究》，吉林出版社，2006。

亚和远东地区的油气开发，加强与东北亚国家之间的能源合作，可以增强在亚洲的影响力，这是俄罗斯实现其战略利益的迫切需要。

其次，有利于实现俄罗斯能源出口结构多元化。截至目前，俄罗斯的能源出口还主要集中于欧洲地区，这种对单一能源市场的依赖极易受到当地能源市场供需变化以及地缘政治形势的影响。欧盟也一直在考虑减少对俄罗斯能源的高依赖性，对于过度依赖欧洲能源出口的俄罗斯经济来说这无疑蕴涵了潜在的风险，也促使俄罗斯在积极谋求能源出口结构的多样化。在这一大背景下，东北亚地区经济的持续增长和对能源进口的巨大需求，以及当地相对稳定的政治局势都对俄罗斯能源出口具有极大的吸引力。

再次，有利于缓解俄罗斯能源产业发展所面临的资金短缺问题。与东北亚能源市场毗邻的俄罗斯远东地区，自然地理条件普遍极为恶劣，油气开发勘探的技术难度较大，需要投入大量的资金和人力，迫切需要引入国外的资金和技术支持。因而，由中、日、韩等国深度参与俄罗斯的能源产业开发，通过提供稳定的资金和技术支持，不仅可以帮助俄罗斯能源工业得到恢复和发展，而且也能保证东北亚地区能源供应的稳定性。

最后，有利于促进俄罗斯远东地区的发展。俄罗斯远东地区经济发展一直落后于其他地区，而一旦东北亚能源合作得以顺利实施，无论是管道和油气田的基础设施建设，还是相关产业的开发等投资规模都将十分可观，这无疑可以为俄罗斯远东地区创造大量的就业和投资需求，可以缓解俄罗斯中央和地方的财政状况，有助于当地经济的复苏和社会的稳定，能够带动当地相关产业的发展，促进整个地区经济的繁荣、生活质量的提高和社会的稳定。

（五）推动东北亚区域一体化进程

东北亚区域合作取得了一定的进展，但由于该地区社会制度和意识形态差别较大、经济发展水平不平衡、大国利益较为集中而导致政治局势复杂等原因，目前还没有形成一个紧密的经济共同体，还处于合作的初始阶段。能源合作涉及面广，合作内容涉及关税互让、共同开发、自由贸易以及资金、商品、人员流动，这有利于在东北亚这样具有复杂性和特殊性的区域中，按循序渐进的方式推进区域合作。就目前而言，东北亚区域的能源合作中首先需要解决的是油气管道建设项目的互通互联。这些跨国油气管道的建设都是几十亿美元或上百亿美元的长期投资，单独靠一国之力很难维持如此巨大的投资。这就需要各国中央政府能够直接参与项目的规划和协调，共同签署政府间能源合作协议，提高能源合作的层次和水平，从而改变以往东北亚区域合作中只以地方政府为主体的局面。通过这种在能源领域中的高规格多边合作，有助于提高东北亚区域内各国之间的相互信任，能够促进东北亚区域的经济和政治局势的稳定，从而加速东北亚区域经济一体化的进程。

二 东北亚区域能源合作现状

（一）中俄双边合作

1. 石油合作

2005 年，俄罗斯石油公司与中石油、中国开发银行签署为期 15 年的长期石油供货协议。协议规定，中石油一次性向俄罗斯石油公司支付 60 亿美元，而俄罗斯石油公司则保证在 2005～2010 年共向中国输出原油 4840 万吨（相当于每年 800 多万吨原油，每月 60 多万吨）。俄罗斯石油的定价参照北海布伦特价格减去 3 美元计算。合同执行情况总体良好。在中俄能源贸易中，铁路运输发挥了重要作用。

2006 年中国自俄罗斯进口原油达到 1596 万吨，通过俄罗斯西伯利亚大铁路进口俄罗斯石油 1030 万吨，其中通过满洲里口岸进口 900 万吨，通过蒙古国及二连浩特口岸进口 130 万吨。2007 年中、俄在北京签署了有关加强石油运输合作的协议，这保证了俄对华石油供应的大幅度增长。2006 年 7 月，俄罗斯石油公司上市，中石油和中石化出资 11 亿美元购买公司股票，目前中石油是俄罗斯石油公司最大的股东；2006 年中国石化出资 37 亿美元收购秋明－英国石油天然气控股公司（TNK－BP）子公司 Udmurtneft 的资产，Udmurtneft 公司是俄罗斯 TNK－BP 石油公司在乌德穆尔特共和国开设的主要石油开采企业，其产能占乌德穆尔特共和国石油开采总量的 60% 以上，年开采量为 580 万吨，目前中石化是该地区最大的交税企业。2006 年 8 月，中石化进入俄罗斯萨哈林地区进行勘探开发。

中俄石油管线的建设是中俄能源合作的重要内容。自 1994 年开始，中俄双方即就"安大线"的建设进行了多次协商，并于 2001 年签署《中俄关于共同开展铺设中俄石油管道项目可行性研究的协议》，正式将中俄石油管线建设列入计划。但在 2003 年，日本开始介入俄罗斯的西伯利亚－远东石油管道建设，由于俄罗斯远东地区丰富的能源储备对于中、日这两个能源进口大国来说都具有重要意义，因此两国对俄罗斯能源合作项目展开了激烈的竞争。日本希望俄罗斯放弃对中国输油的"安大线"，转而建设对日输油的"安纳线"项目，同时为弥补俄罗斯更改项目的损失，日本将每天额外从"安纳线"多进口 100 万桶石油。日本的介入使俄罗斯 2003 年宣布放弃"安大线"，并强调建设通往太平洋港口的石油管道的重要性。此后，中日两国围绕着俄罗斯与西伯利亚－远东石油管道建设的走向展开了激烈的外交竞争。2004 年底，俄罗斯政府通过决议，决定修建"东西伯利亚－太平洋"石油管线，目的是将东西伯利亚和西西伯利亚地区的石油通过远东港口，出口到亚太地区，同时保障俄罗斯远东地区的石油供应。"东西伯利亚－太平洋"输油管道是俄罗斯燃料动力综合体近十年内的主要项目，也是世界上最长的输油线，全线长 4800 千米，每年输送 8000 万吨石油。该项目分两阶段实施。管道一期工程包括全长 2700 千米、功率为每年 3000 万吨石油的"泰舍特－斯科沃罗季诺"管线和七座石油转输站与科基米诺油港，从这里油轮将石油输往各国。

2009 年 2 月，中石油与俄罗斯石油公司和俄罗斯石油管道运输公司签署长期原油供销合同，与中国国家开发银行签署贷款协议。中国向俄罗斯石油公司提供 150 亿美元贷款，俄罗斯石油公司将从 2010 年用火车开始供油。此外，中方还向俄罗斯石油管道运输公司提供 100 亿美元贷款，后者以基础设施做担保。为了落实俄罗斯面向亚太的战略，俄罗斯石油管道公司给予的运输价格（到欧洲和到亚洲）相同。2009 年 12 月，"东西伯利亚－太平洋"石油管道正式启动并开始向亚太输油，"东西伯利亚－太平洋"管线建设首批工程共花费 3600 亿卢布，另有 600 亿卢布用于科基米诺油港的建设。2010 年双方共同建设 1030 千米的"斯科沃罗季诺－漠河－大庆"石油管道，运输量为 1500 万吨/年，这能使俄罗斯石油供应量提高一倍。另外，俄罗斯石油公司同中石油组建的合资俄控股公司"东方能源"合作勘探开发伊尔库茨克州三个有前景的地块。

同时，俄罗斯计划在"东西伯利亚－太平洋"管线终点处的纳霍德卡叶利扎罗沃角建设滨海石油加工厂。俄罗斯副总理、俄石油公司董事会主席伊戈尔·谢钦表示，这是太平洋沿岸建设的一个最大的石油加工厂，每年加工 200 万吨原油。俄罗斯在远东地区的油气资源开采将进入新阶段，同时采用高科技和制造高附加价值产品的现代加工工业将得到发展。随着输油管道的建设，许多社会问题也将得到解决，东部地区正在创建能保证成千上万个工作岗位的新的工业部门。

为保证"东西伯利亚－太平洋"输油管道的供油，俄罗斯最初设想，扩大东西伯利亚油田的开采，同时利用西西伯利亚现有的油田。为此，2001年初，俄罗斯政府取消了东西伯利亚的22个油田的出口税，以促进油田的开采。这样，按全年免税总额计算，俄罗斯的财政实际为东线管道提供了大约40亿美元的补贴。

在远东油田中，俄罗斯石油公司投资开采的克拉斯诺亚尔斯克边疆区万科尔的一个油田，就保证了东线管道一期工程每年3000万吨的运量。这里的石油蕴藏量丰富，可与世界上最大的石油和天然气矿藏区相提并论。2011年起，俄罗斯通过东线管道向中国出口石油，万科尔油田的供应量也从年产1200万吨提高到1700万吨，而上琼斯克、塔拉甘和其他投产油田的供应量由600万吨提高到1200万吨。2014年，万科尔油田的年开采量将达到2500万吨。俄罗斯石油公司是经东线石油管道运输石油的最大出口商。该公司开发万科尔油田的投资为92亿美元，在享受免征出口关税的优惠条件下，如果油价保持在保守预测的每桶60～65美元，2014年就可收回投资；如果石油价格保持在每桶80美元，那么俄罗斯石油公司将增加210亿美元收入。

另外，对伊尔库茨克州谢瓦斯季亚诺沃油田的勘探证实，该地区的石油能够为"东西伯利亚－太平洋"石油管道二期工程运输的石油提供保障。俄罗斯石油部门的专家们指出，在不久的未来，东西伯利亚将成为俄罗斯油气资源的主要供应者。

在下游炼化领域，2010年中俄东方石化（天津）有限公司大炼油厂正式成立，中石油占51%的股份，俄罗斯石油公司占49%的股份，项目总投资超过300亿元人民币。在技术服务领域，中国公司参与了俄罗斯的油气服务，包括远东原油管道建设、钻机、修井机等设备供应。中国的技术和设备在俄罗斯市场得到了认可。与此同时，俄罗斯的公司也应邀到中国参与油气领域的服务工作。

2013年中国与俄罗斯进一步加强石油领域的合作。其中，中石油、中石化和中海油三家公司加强与俄罗斯石油公司在地质研究、勘探开发和销售等领域的合作，全方位参与俄罗斯境内油气田的开发。另外，中俄双方还批准了以预付款方式提供原油的协议，同时在建设和利用天津炼油厂方面签订了政府间协议。根据合作协议，俄罗斯石油公司将增加对中石油的出口量，从目前每年1500万吨提高到每年5000万吨。中石油还将与俄罗斯石油公司一起开发俄北极地区的8个开发区块。两国能源企业在伊尔库茨克州和乌德穆尔特共和国两个油气区块开展的勘探工作也正在运行中。另外，两国企业还就共同勘探开发"萨哈林3号"、"马加丹1号"和"马加丹2号"油气区块进行了可行性论证。

2. 天然气合作

2006年，中国石油天然气集团公司与俄罗斯天然气工业股份公司签署了《中国石油天然气集团公司与俄罗斯天然气工业股份公司关于从俄罗斯向中国供应天然气的谅解备忘录》，这成为中俄天然气合作的基本框架。根据该协议，俄方计划修建东西两条通往中国的天然气管道，西线由西西伯利亚经阿尔泰地区，最终和中国的西气东输管道连接；东线则由东西伯利亚科维克金气田供气，管道铺设至中国东北。沿西线供气约300亿立方米，沿东线供气约380亿立方米，这个协议由于双方价格分歧并未得到执行。2009年俄罗斯和中国又草签了有关从西西伯利亚、远东和萨哈林大陆架向中国出口天然气的协议。但同样由于价格分歧太大而处于僵持阶段。

2010年以来，俄罗斯天然气出口战略发生了明显变化，注意力移向亚太（东北亚）市场，开发东北亚市场的力度明显加大。2013

年，中俄双方明显推进了在天然气领域的合作进程，加紧落实天然气合作项目。两国政府都支持企业对中俄东部管道供气进行谈判，俄罗斯天然气工业股份公司与中石油就通过东线管道向中国提供天然气项目签署谅解备忘录，最新确定的东线管道对中国的供气量为每年380亿立方米，同时对东线LNG（液化天然气）项目和西线供气合作项目继续研究论证。双方商定从2018年起俄罗斯将每年向中国提供380亿立方米的天然气，并最终要把年出口量提高到600亿立方米。

3. 电力合作

俄罗斯在加强与中国在石油和天然气领域合作的同时，还将电力领域视为双方能源合作的另一个优先方向。2006年俄罗斯统一电力系统公司和中国国家电网公司在北京签署了关于对俄罗斯向中国出口电力进行可行性研究的协议。根据该协议，俄罗斯每年可以向中国出口600亿千瓦时电力。按照计划，俄远东布列亚水电站将成为俄对华电力出口基地。2009年中国自俄罗斯进口电力超过7亿千瓦时，比2008年增长约316倍。2011年俄罗斯对华输电量为12亿千瓦时。2011年底，中俄双方完成中俄直流背靠背联网工程建设及调试工作，2012年1月完成工程试运行。2012年3月俄罗斯国际统一电力系统公司（Inter RAO——俄罗斯国有能源控股公司的一部分）子公司"东方能源公司"与中国国家电网公司签署的期限为25年、总输电量为1000亿千瓦时的供电合同开始启动，预计今后中俄电力合作的规模还将进一步扩大。

4. 核电合作

2010年11月底，中俄签订建设田湾核电站三号、四号机组的总合同。目前，中俄已经在核电站架设、核燃料供应、科技交流和人员培训等方面进行了合作，未来将开拓新的核能合作领域。

5. 煤炭合作

2009 年，俄罗斯首次通过满洲里口岸向中国出口 30 万吨煤炭，同时准备进一步扩大通过满洲里口岸的铁路运输量。2010 年 8 月，中俄签署备忘录，中国将向俄罗斯提供 60 亿美元贷款用于煤矿开发及保障煤炭出口的相关基础设施建设，其条件是未来 5 年俄方每年向中国供应煤炭 1500 万吨，此后每年供应量提高至 2000 万吨。

（二）韩俄双边合作

韩国很早就显示出对俄罗斯能源的浓厚兴趣。早在 1995 年，韩国便向俄罗斯政府打探开发、引进科维克金天然气的可能，并在当时得到了俄罗斯的积极响应。但由于各方面原因，韩国希望开发科维克金油气田和铺设经中国的输气管计划并没有实现。

科维克金天然气开发方案尚未成型，韩国又将目光转向俄罗斯的库页岛和堪察加半岛。那里也是油气资源丰富的地区，拥有向外供应油气的巨大潜力。韩俄双方签订了关于共同开发俄罗斯东部地区油田的谅解备忘录，双方还决定共同开发库页岛和堪察加半岛的天然气田。但目前看这个计划同样充满了变数。

早在 2003 年，俄罗斯 Gazprom 公司和韩国天然气公司就签署了天然气供应协议，在协议期满之际，两国又签署了一项同意把两家公司之间签署的一项合作协议延长到 2013 年的协议，并且两国公司将继续在共同开发俄罗斯国内天然气项目以及建造一个液化天然气厂和一个天然气化学制品厂方面进行合作。2006 年 10 月，Gazprom 公司麾下的 Gazprom 销售和贸易公司向韩国交付了第一批液化天然气，在 2007 年 1 月交付了第二批液化天然气。俄罗斯从 2012 年或 2013 年起开始每年向韩国供应 100 亿立方米的天然气。

2008 年 9 月韩国总统李明博访问俄罗斯，探讨俄罗斯向韩国进行长期和稳定的天然气供应、联合开发俄罗斯堪察加半岛沿岸的矿产和西部的石油，探讨俄、韩、朝联合开发西伯利亚东部输油管线建设项目，以及连接朝鲜半岛与西伯利亚至欧洲的铁路开发项目的可能性，这将进一步提升两国在能源领域的合作。KOGAS 与 Gazprom 签署了从 2015 年起 30 年内每年从俄进口 100 亿立方米天然气的初始协议，这一进口量相当于韩国每年天然气需求量的 1/4。2010 年 11 月，俄罗斯总统梅德韦杰夫访问韩国，双方签署了超过 20 份文件，其中包括俄罗斯向韩国供应天然气的合同。

（三）日俄双边合作

虽然有北方四岛（南千岛群岛）的领土问题，日俄能源合作近期还是取得了进展。

1. 石油和天然气领域

日本公司参与了萨哈林岛的石油和天然气开发。日本资源能源厅与世界上最大的天然气公司——俄罗斯天然气工业股份公司（Gazprom）以及俄罗斯最大的石油公司——俄罗斯石油公司（Rosneft）签署了合作框架协议。根据该框架协议，为促进上述两个公司与日本企业及其他机构的合作，日本资源能源厅将提供经济援助。日本的独立行政法人石油天然气和金属矿产资源机构在俄罗斯的伊尔库茨克州开始了联合勘探，这是日本和俄罗斯首次在东西伯利亚地区进行的油田勘探，目前勘探工作进展顺利，油田勘探井已经产出原油。近年来，日本相继参加了一些俄罗斯远东的大型资源开发项目，其中较大的项目主要有"萨哈林－1 号"和"萨哈林－2 号"两个油气合作项目。

"萨哈林－1 号"项目是俄罗斯萨哈林岛近海的一个石油和天然气开发项目。日本萨哈林石油天然气开发公司（日本政府经济产业省占 50%，伊藤忠商事约占 18%，日本石油资源开发公司约占 14%，丸红约占 12%）、国际石油开发帝石控股公司持有 30% 的股份。其他参与者有：埃克森美孚公司（ExxonMobil）、俄罗斯石油公司（ROSN）、印度石油天然气公司（ONGC）。柴沃油气田、奥多普图油气田已经生产原油，通过俄罗斯德卡斯特里港口的原油输出设施输出原油。"萨哈林－1号"项目的原油可开采储量为3.07亿吨，天然气储量为4850亿立方米。目前"萨哈林－1号"项目已投产的石油产量为962.6万吨，天然气产量为82.2亿立方米。

"萨哈林－2号"项目同样是在俄罗斯萨哈林岛近海的石油和天然气项目，由萨哈林能源公司（Sakhalin Energy）负责开发，其中日本的三井物产占12.5%，三菱商事占10%的股份。俄罗斯天然气工业股份公司（Gazprom）、英荷壳牌石油集团（Royal Dutch Shell）也参与开发。比利顿－阿斯托赫斯油气田和卢斯克油气田已经在生产原油和天然气。2008年，"萨哈林－2号"项目已经达到年产143万吨原油及2.55亿立方米天然气的能力。同时，日本和俄罗斯还投资建设了"萨哈林－2号"项目的配套液化石油气的加工厂，这是俄罗斯境内第一家液化石油气的工厂。2010年"萨哈林－2号"项目石油和凝析气产量已达到设计能力，生产的液化天然气65%通过长期购销合同销往日本，其余主要销往韩国和北美国家。目前通过萨哈林岛南端普里戈罗德诺耶（Prigorodnoye）港口的原油、天然气输出设施输出原油和天然气。该项目是目前日本在俄罗斯唯一的液化天然气项目，2010年向日本输出的液化天然气占日本进口总量的10%左右。

俄罗斯的"东西伯利亚－太平洋"输油管道工程，是日本积极争取投资的一个项目，曾与中国发生过激烈竞争。通过输油管道将西伯利亚原油输送到俄罗斯太平洋沿岸。2009年12月，该项目的一期工程，从泰舍特到斯科沃罗季诺输油能力为3000万吨/年的输油管道及太平洋沿岸的科基米诺港原油输出设备建设完工，科基米诺港投入使用，开始输出原油。2010年1月，该项目的二期工程动工建设。竣工后斯科沃罗季诺段输油管道的通过能力将达到 8000 万吨，从斯科沃罗季诺到科基米诺港的输油能力达到 5000 万吨。在东西伯利亚的伊尔库茨克州，日俄已经开始勘探合作，日本石油天然气金属矿物资源机构（JOGMEC）与俄罗斯伊尔库茨克石油公司联合进行地质构造调查。

2．煤炭领域

2010 年 6 月，日俄负责煤炭政策的政府官员及企业人士举行了首次煤炭圆桌会议，就日俄在东西伯利亚共同进行煤炭开发的问题交换了意见，一致同意今后两国政府继续就实现日俄在煤炭开发领域的合作进行政策对话。

3．核能领域

2009 年 5 月，在普京总理访问日本期间，签署了日俄核能合作协议。经济产业大臣二阶俊博（时任）与俄罗斯国有原子能公司（Rosatom）总裁基里延科（Sergei Kiriyenko）还在和平利用原子能方面的合作发表了联合声明。

4．节能领域

2009 年 5 月，经济产业大臣二阶俊博（时任）与能源部长什马特科签署了日俄在节能和可再生能源领域的合作备忘录。2010 年 3 月和 7 月，为落实上述合作举行了联合委员会会议，签署了共同研究这一领域政策的行动计划。

（四）能源需求国之间的合作

1．中日合作

经济快速发展的中国是世界第二大能源消费国，预计到 2030 年能源需求将比目前增加两倍左右。中国能源供求的稳定对日本的能源安全是一个重要课题。在这种形势下，中国和日本在就两国能源形势和政策求得共识的同时，为了研讨在能源领域的合作，举行了

"中日能源部长级会议""中日节能环境综合论坛""中日能源谈判"等。

2007年4月，中国和日本在东京举行了第一次部长级能源政策对话，并共同主持召开中日能源合作研讨会。双方共同签署了《关于加强两国在能源领域合作的联合声明》。双方加强在节能环保、石油替代、新能源等方面的合作，并签署了包括电力、油气和节能在内的六个协议；2008年5月，因在争夺俄罗斯能源上的激烈竞争而陷入停顿的中日能源合作又得以重新开启，中石油和日本最大的石油供应商——新日本石油集团合资经营目前新日本石油集团新日本石油精炼公司下属的大阪炼油厂，该炼油厂每天可向中石油提供7万桶精炼油。这一合作虽然规模不大，但却具有重大的象征意义，因为这是同为能源消费大国的两国在石油领域首次进行资本层面的合作。

2010年10月，"第五届中日节能环保综合论坛"在东京举行。中国国家发展和改革委员会副主任张晓强、日本经济产业大臣大畠章宏（时任）以及中日两国官员、专家、企业家1100多人参加论坛。本次论坛签署了44个合作项目，为历次论坛最多的一次。合作项目不仅限于节能领域，在污水处理、水净化、资源循环等环境领域的合作也有所增加，此外，还包括与智能电网和智能社区相关的合作项目。自2006年5月第一次举办论坛以后，已累计签署了120个合作项目，在经贸合作方面中日两国节能和环保合作稳步扩大。此外，在提高燃煤电厂能源效率、改善环境的相关合作方面，第五届中日节能环保综合论坛举行了煤炭和火力发电小组会议，会上就煤层气和高效率火力发电交换了意见，在以中国燃煤电厂为对象的设备诊断方面，将由日本派专家对发电厂的高效运转、环保措施提出建议。

2. 中韩合作

2007 年 1 月，中石油与韩国大宇国际株式会社就联合开发缅甸的油气资源签署了联合勘探谅解备忘录，其中初步确定了中石油、大宇株式会社与缅甸能源部之间的生产分成合约，涉及缅甸西海岸三个深水区块的石油与天然气勘探项目。而在能源深加工领域，中石化和韩国 SK 能源株式会社 2007 年在京签署了武汉乙烯项目框架协议，该项目将是中国中部首个大型乙烯项目。

3. 能源技术合作

除了能源安全之外，东北亚各国在新能源和节能技术方面也展开了相关合作。在现有的《东亚能源安全宿务宣言》和《第一届东亚峰会能源部长会议联合部长宣言》的基础上，各国已经在加强提高能源效率、利用可再生和替代性能源等方面达成了广泛的共识，包括争取在地区层面降低能源密集度，推进能源的有效利用，鼓励节能、减排和清洁能源技术的研发和推广，并在保证核能安全和不扩散的前提下合作开发民用核能项目。

（五）中、俄、日与蒙的能源合作

2007 年底，俄罗斯企业纷纷在石油、核能、电力等领域与蒙古国进行广泛的交流与合作，俄罗斯天然气工业银行组织了俄罗斯－蒙古国商业论坛，专门研究与蒙古国在能源领域的合作。

由于蒙古国的煤炭储量十分丰富，2011 年中国和俄罗斯企业成为蒙古国塔本陶勒盖煤矿的竞标者。该矿位于蒙古国南部，距离中国约 300 千米。预计煤炭储量 60 亿吨，其中包括世界上储量最大的珍稀焦炭。

日本积极推动日蒙关系的发展。2010 年 12 月，在蒙古国乌兰巴托举行了第四届日本－蒙古国矿产资源的政府和企业的联合交流会议。两国政府机关及民间企业共计 100 多人参加了会议。会上就煤炭等矿物资源开发的相关法律状况、蒙古国政府矿山开发方针等两国共同关心的问题交换了意见。在煤炭领域，日本企业对世界上最大的蒙古国 TT 大煤田表现出浓厚兴趣。双方同意促进两国在矿产资源领域的合作。在核能领域，根据 2009 年 7 月日本资源能源厅与蒙古国核电能源厅共同签署的有关核发电方面的合作文件，2010 年 10 月五位蒙古国核能署人员赴日研修。

从目前看，东北亚区域能源合作主要以双边合作为主，东北亚的多边能源合作还不十分明确，特别是能源消费国家之间的合作还没能有效开展。

第二节　东北亚各国能源领域的竞争博弈

一　东北亚区域能源竞争原因

东北亚各国的快速经济增长以及对能源进口的高度依赖，已经使得该地区成为世界能源的重要需求市场。21 世纪是东北亚区域经济发展的重要时期，2000 年以来，东北亚各国始终保持较高的经济增长率。经济的迅猛发展使得东北亚区域内的能源需求急剧增加，截至 2010 年，中、日、韩三国的初级能源消费为 120 亿吨油，三国在世界能源消费中的份额已经达到 26.6%。中、韩两国持续的经济增长使得两国的能源进口量连创近年新高，日本受核电关闭的影响，其对进口能源的依赖也达到历史的高峰。根据国际能源署的预测，未来 20 年内，东北亚地区的能源需求可维持 8% ~ 10% 的高速增长。其中，中国对石油和煤炭等主要能源的需求到 2030 年将比目前增长一倍以上，中国将超过美国成为世界第一大能源消费国。

中、日、韩是东北亚能源消费大国和能源进口大国，各国为了保障自身能源安全，都积极扩展能源进口渠道，推进能源进口来源地的多元化。鉴于中东地区安全局势的持续动荡，中、日、韩正在逐步降低对中东地区石油供应的依赖，而把石油进口来源分散在俄罗斯、中亚、非洲以及中南美洲。能源进口源的分散已经成为各国能源安全战略的重要一环，但这也直接引发了三国在扩展能源进口源头和渠道上的激烈竞争。在东北亚只有俄罗斯拥有丰富的能源资源，其中东西伯利亚和远东地区的油气储量相当丰富，开发潜力巨大。目前俄罗斯是世界第二大原油生产国和第一大天然气生产国。俄罗斯生产的能源大部分用于出口。由于地缘关系相近，中、日、韩以及其他地区的主要能源需求国都以竞争的方式推行其能源战略，在东北亚形成了以俄罗斯为能源供给方、多个双边能源合作相互竞争的格局。[1]

为了推动本国企业扩大海外能源开发和收购海外能源资产，中、日、韩都把推动本国企业扩大海外能源开发和收购海外能源资产作为维护本国能源安全的重要措施，这就直接造成了中、日、韩三国企业在获取海外能源开发权方面的竞争。

二 东北亚区域能源竞争表现

中、日、韩三国的能源竞争主要表现在以下三方面。

其一，中日两国都将俄罗斯远东和西伯利亚地区视为新的进口来源地，在该地区形成竞争局面。俄罗斯远东地区丰富的能源储备无疑对于中国和日本这两个能源进口大国来说都具有重要意义，因此，两国目前在对俄罗斯能源合作项目上展开了激烈的竞争。在俄

---

① 房广顺、武耀威：《东北亚能源安全形势的新发展与战略新选择》，《东南亚纵横》2008年第7期，第22～26页。

罗斯远东输油管道问题上，"安大线"与"安纳线"之争充分说明了这种竞争的激烈程度。自 1994 年开始，中俄双方就对"安大线"的建设进行了多次协商，并于 2001 年签署《中俄关于共同开展铺设中俄石油管道项目可行性研究的协议》，正式将中俄石油管线建设列入计划。但在 2003 年，日本开始介入俄罗斯的西伯利亚－远东石油管道建设，希望俄罗斯放弃对中国输油的"安大线"，转而建设对日输油的"安纳线"项目，同时为弥补俄罗斯更改项目的损失，日本将每天额外从"安纳线"多进口 100 万桶石油。日本的介入使俄罗斯 2003 年宣布放弃"安大线"。此后，中日两国围绕着俄罗斯与西伯利亚－远东石油管道建设的走向展开了激烈的外交竞争。在中国的积极争取下，俄罗斯于 2004 年底最终也放弃了"安纳线"，而决定修建一条自泰舍特至纳霍德卡的石油管道，即"泰纳线"。但此后中日又围绕着"泰纳线"中国支线的路径规划展开了激烈的外交游说。直到 2009 年，经过多方的多次博弈，俄罗斯才最终确定了远东石油管道的建设方案，同时也最终确定了对华石油出口的具体方案。

其二，中日之间围绕东海问题的能源之争。在东北亚区域内，中日还就中国东海油气资源开发问题产生对立。东海大陆架蕴藏着非常丰富的油气资源。按照日本方面的推算，东海海底蕴藏着 1000 亿桶石油和 2000 亿立方米的天然气资源，随着中国在东海油气开发上的顺利开展，日本开始了与中国的争夺，其中引起争议最大的是我国开发的春晓油田。日本政府以春晓气田距离日本所谓"中间线"仅 4 千米的距离为理由，向中国政府提出抗议，并否决了中国提出的"搁置争议，共同开发"的方案，同时加紧批准日本民间企业对东海油气进行开采，欲与中国争夺东海的油气资源，而韩国也倾向加入竞争。

其三，中日积极加强与非洲的联系。在中国的石油战略中，北非位居第三，为了实施中国的石油战略，中石油公司分别与苏丹能矿部、财政国民经济部签订了富拉－喀土穆石油管道项目、喀土穆炼油厂扩建项目和组建中苏物探合资公司三项正式协议。日本也积极采取行动，无偿向非洲提供总额 10 亿美元的帮助，同时保证放弃对非洲等债务贫困国家总额约 30 亿美元的债权。另外，东北亚三国在与中东、中亚和中南美洲的各产油国的能源合作上，也展开了日趋激烈的竞争。

三　东北亚区域能源竞争后果

东北亚区域围绕着能源供应进行的激烈竞争给整个东北亚能源市场的稳定带来了一系列不利影响，危及了中、日、韩各国能源需求的安全性，不利于东北亚区域经济的协调发展和共同繁荣。

相比较而言，东北亚各国更重视与外部能源供应国之间的能源合作，而不重视东北亚各国之间的相互协作。这样，围绕着能源供应问题产生的分歧与矛盾更使得三国之间无法建立可靠的互信关系，甚至引发国家之间的对立情绪，从而导致中、日、韩之间的能源合作迟迟难以启动。同时，这种竞争一般不仅仅局限于能源领域，还会扩展到经济、政治等其他领域，影响东北亚制度性合作的深入发展。目前东北亚各国间的贸易依存度为 10.8%，这虽然低于欧盟和北美自由贸易区，但同过去相比已有所增加，而且有不断加深的趋势。东北亚国家之间紧密的经济关系使各方只有加强彼此合作，互通有无，才能保证各自经济利益不受伤害，任何一方受损势必牵涉到对方利益，反过来会对己不利。在地区经济发展上的相互依存关系将使各国形成紧密的共同体，相互的恶性竞争会损害各国利益。例如，中国和日本在对俄罗斯西伯利亚－远东石油管道建设的竞争过程中，项目方案一改再改，使得俄罗斯对东北亚的能源输出开发项目一再拖延。同时，在中、日两国过度的能源外交竞争压力下，俄罗斯的态度摇摆不定，这最终使得有关各方的利益都受到影响，并制约了东北亚区域能源合作的健康发展。

第三节　东北亚区域能源合作面临的其他问题

一　地缘政治因素影响地区能源合作

东北亚各国之间存在的历史、意识形态、领土等问题成为制约地区能源合作的隐患。首先，朝鲜核问题已经成为影响东北亚区域安全的最主要的障碍，对东北亚周边国家的双边和多边合作关系都产生了巨大的影响。朝核问题一天不解决，东北亚地区能源合作的基础就会被动摇。其次是东北亚区域合作的主导权竞争，日本一直存有成为东亚地缘政治与经济的主导国家的野心，不遗余力地谋求政治大国地位，加紧对地区经济利益的争夺，这势必造成周边国家的不安，难免和其他国家产生各种利益碰撞。俄罗斯也充分利用其远东的油气资源和地理位置，通过能源外交在各国周旋，借此发展经济，提高本国在东北亚的战略地位。另外，随着中国经济的发展和国际影响的日益扩大，"中国威胁论"在周边国家也有所盛行，使各国对中国依然怀有戒心。再次是东北亚国家之间错综复杂的领土纷争，日俄之间围绕北方四岛（南千岛群岛）的纷争、韩日之间对独岛的争夺、中日之间围绕钓鱼岛的纠纷等层出不穷。最后是美国因素，由于美国战略需要，不允许东北亚国家撇开自己单独搞合作，此外美日军事同盟的存在也制约着东北亚能源外交的深入展开。这些问题显然不利于构筑合理的能源合作关系，影响地区能源合作的顺利开展。

二 东北亚地区缺乏成熟完善的区域合作机制和有效的能源协调机制

由于缺乏有效的能源合作机制，东北亚一些多边能源合作设想无法实现，竞争多于合作，不能将区域内各国的能源安全利益融为一体。首先，东北亚各国虽然都建立了各自的能源安全体系，但相互之间缺乏必要的联系和沟通。由于区域间缺乏有效的能源合作机制，在东北亚形成多个双边能源合作相互竞争的格局，各国在资源开发问题上产生的矛盾无法及时得到沟通和调和，不利于改变各国相互对立的局面。其次，各国之间的能源交易缺乏完善的市场机制和基础设施，导致能源市场的一体化程度不高。最后，除日韩两国之外，东亚各国大都没有建立有效的能源战略储备和预警系统，缺乏应对能源危机的紧急应对机制，缺乏必要的抗风险能力，这也使东北亚多边能源合作遇到一定的阻力。

三 俄罗斯国内存在很多制约因素

作为东北亚地区的油气供应国，俄罗斯国内存在的某些不利因素也直接制约着东北亚区域能源合作。

一是俄罗斯对外经贸法规普遍不健全和缺乏连续性，尤其是缺少关于按产量分成合约的配套法律，因此能源合作中产量分成协议的实施往往缺乏法律保障。而且俄罗斯的法律修改非常频繁，使外国投资者普遍感到俄罗斯的法律法规缺乏稳定性、系统性和完整性。

二是俄罗斯中央和地方的项目管理审批制度也较为烦琐，一个投资的立项要经过从地方政府到联邦政府的逐级审批，并且即便得到批准后合同还要经过很长时间的准备和谈判。尤其是在与俄罗斯企业的合资项目中还会涉及利税在联邦、州政府和企业之间的分配问题，审批和协商的过程会更耗时。项目审批已经成为在俄罗斯投资的主要障碍。

三是俄罗斯对外资企业税负较重，使投资者难以承受。以俄罗斯远东地区为例，虽然外资企业可以根据《外国投资法》享受一定的优惠政策，但这些优惠在执行过程中又往往被繁重的税负所抵消。外资和合资企业要缴纳增值税、利润税、交通税、销售税、治安税等二十多种税费，这些税赋往往会占到企业利润的80％左右。在俄罗斯目前的税收制度下，油气等能源领域的投资已经普遍无利可图。据美国大陆石油公司测算，当布伦特油价为每吨140美元时，在俄罗斯投资生产的同等品质原油的税后价格实际只相当于76美元，也就是说，税收占石油价格的45％以上，这种税收制度无疑对外资是缺乏吸引力的，严重影响了外国企业对俄罗斯油气勘探开发的投资积极性。

四是基础设施建设严重滞后。虽然俄罗斯远东地区是自然资源最为丰裕的地区，但同时也是自然环境最为恶劣的地区之一。目前俄罗斯对外资开放的油气资源基本上都是基础设施较差的油气勘探新区，外国企业不仅需要投入大量资金进行基础设施建设，还必须就油气外输的管道规划和建设等与俄罗斯地方和联邦政府进行不断的协调。

五是俄罗斯政府加大对能源产业的国家控制。俄罗斯政府对外商在能源领域的投资限制比较严格，按照俄罗斯反垄断法和战略投资法，对于购买具有战略意义的能源资源或者油气田的开发权的外商，特别是对占有50％以上股份的外国投资商必须实行预审和监察，但缺乏基本标准，由此俄罗斯政府总能通过各种程序机制，以"不受欢迎"为由阻止收购。这导致外国投资者开发其地下资源的准入门槛提高，外国企业进入俄罗斯油气开发领域的难度和风险增大。

六是不能忽视俄罗斯国内主要能源公司的竞争关系。例如，俄罗斯石油公司最为关注的问题是东西伯利亚地区的天然气处理问题。东西伯利亚地区出产的是包括石油和天然气的混合气体，国家规定，俄罗斯石油公司只能加工和出口石油，而天然气部分要由俄罗斯天然气公司出口。俄罗斯天然气公司不准俄罗斯石油公司出口天然气，产出的混合气体中的天然气没有办法处理。另外，还存在俄罗斯能源公司与俄罗斯运输公司之间的协调问题。

第七章

东北亚区域能源合作前景与中国的对策

21世纪以来，东北亚经济得到迅猛发展，对能源的需求不断扩大，特别是中、日、韩油气对外依赖性逐渐提高，寻找可靠的能源供给市场是当务之急。在东北亚国家中，俄罗斯是能源出口大国，与东北亚其他国家的能源资源具有较强的互补性，东北亚能源合作具有巨大的潜力。目前国际政治和经济形势产生新的变化，美国页岩气技术革命、俄罗斯与美欧矛盾升级、俄罗斯东向战略的推进、日本核危机后能源政策的调整等很多因素都对东北亚能源关系格局产生重要影响，这些变化决定了未来东北亚能源合作的基本走势和前进方向。

第一节 影响东北亚能源关系格局的因素

一 俄罗斯与美欧对立局面加剧

俄乌局势紧张造成俄罗斯与美欧矛盾升级，严重依赖俄罗斯天然气的欧洲各国积极采取各种措施实现能源来源多元化。俄罗斯是欧洲天然气的主要供应国，在欧洲天然气供给中占据重要位置。俄罗斯占欧洲天然气市场 30% 以上的份额，其中占白俄罗斯和芬兰 100% 的份额，占土耳其、波兰等国超过 50% 的份额，占德国、匈牙利、比利时等国超过 40% 的份额，这成为欧洲的战略劣势。从长期看，必然促使欧洲加大力度实现能源供应的多元化。

欧洲实现能源供给多元化的渠道有以下三个。一是促使美国页岩气出口欧洲市场。目前美国对页岩气开采技术以及天然气出口实施限制政策，美国的页岩气产量必须在优先满足国内需求的基础上才考虑出口。欧洲希望美国能源部加快液化天然气的出口，目前美国已经开始向欧洲输送液化天然气。二是加大从中东和非洲的进口力度，虽然中东局势并不稳定，但未来中东和非洲在欧洲能源供给中的份额也将扩大。三是促进节能技术的发展，增加核能和新能源的开发利用。

但欧洲对俄罗斯天然气依赖的状况在 20～30 年内还无法得到根本改变。俄罗斯对欧洲输送天然气的管道非常完善，而且价格大约为 300 美元/千立方米。如果欧洲从其他地区进口天然气，首先基础设施的修建等方面需要较长时间的规划和实施，并且需要投入大量资金，进口的天然气成本也将提高 1～2 倍。

二　美国页岩气和页岩油开采的影响

依靠先进的生产技术、完善的管网基础设施和大量持续的投资，美国实现了页岩气的商业性大规模开采，2004～2009 年页岩气产量年均增速达到 40% 以上，2012 年美国页岩气产量为 2653 亿立方米，已占全美天然气供应量的 37%。目前美国的页岩气资源储量为 187.5 万亿立方米，占全球可开采页岩气总量的 13%。据预测，到 2035 年美国页岩气产量将增加 4 倍。

美国页岩气革命将对全球和东北亚能源格局产生深远影响。首

先，它降低了天然气开采的成本，导致全球天然气价格下跌。目前
芝加哥交易所天然气期货价格为 4.1 美元/百万英热单位左右，比东
亚的天然气价格少将近 10 美元/百万英热单位，巨大的价格差异将
对东亚天然气价格和市场形成冲击。其次，美国页岩气革命也带动
了全球页岩气开采的热潮，全球能源消费结构将发生变化。全球页
岩气大规模开采将促使天然气消费量不断增加。挤压原油等其他能
源需求。美国能源消费结构中，第一大能源原油的消费比重下降到
36%，页岩气取代煤炭，成为美国第二大能源，未来页岩气消费比
重还将不断增加。2012 年全球原油需求量比 2005 年减少 1.3 亿吨，
与此相对应的是全球天然气需求量不断增加。据壳牌公司估计，
2020 年全球液化天然气的需求量将是 2009 年的 2 倍。最后，美国通
过页岩气技术的创新不仅实现了能源自给，而且从能源进口国转变
为能源出口国，导致全球能源供给市场的竞争日趋激烈，以俄罗斯
为首的天然气 OPEC 成员国 2040 年在全球天然气市场上的份额将从
预期的 33% 下降到 26%，这将削弱中东、俄罗斯等能源大国对全球
能源市场的控制。

三 俄罗斯持续推动远东地区开发开放

2007 年 8 月，俄罗斯联邦政府会议批准了"俄罗斯远东与外贝
加尔地区经济和社会发展 2013 年联邦专项规划"，于 2008 年开始执
行，俄罗斯东部开发战略开始启动。俄罗斯东部开发战略的第一阶
段可以概括为：政府的财政补贴向东部地区倾斜；开展大规模的基
础设施建设；加紧向该地区迁入外来移民；开展强强区域主体合并
工程，在国家的干预下重点开发油气资源，带动东部地区发展。

2008 年以来，俄罗斯继续加大政策扶持力度。政府相继出台
《远东纲要》，包括《2013 年远东与外贝加尔地区经济和社会发展联

邦专项规划》（俄罗斯东部发展规划）、《2025年前远东地区及布里亚特共和国、外贝加尔边疆区和伊尔库茨克州的社会－经济发展战略》（俄罗斯东部发展战略），该规划和战略的核心目标就是要恢复和提升俄罗斯在东亚地区的战略地位，利用自然资源的开发和出口来带动俄东部地区的发展。根据《远东纲要》的计划，未来六年内远东地区的总投资将达到5660亿卢布，其中联邦财政投资达4236亿卢布。总投资中的大部分将投入能源和交通基础设施建设，特别是要用于建设和完善铁路、公路、航空、管道等基础设施。与此同时，俄罗斯还规划建设一批大型投资项目来推动东西伯利亚和远东地区的经济发展，项目主要涉及石油加工、造纸、金属冶炼、木材和渔业加工等。2009年底，时任总理普京签署第2094号俄联邦政府令，批准俄联邦《2025年前远东和贝加尔地区经济社会发展战略》。2012年5月，普京签署《关于国家长期经济政策》总统令，责成政府按规定程序提出加快远东社会经济发展的建议。此外，俄罗斯政府还在哈巴罗夫斯克专门设立远东地区发展部。2012年9月，亚太经济合作组织（APEC）领导人非正式会议在俄罗斯远东城市符拉迪沃斯托克（海参崴）举行。俄罗斯为此次会议筹备了四年，投入了高达210亿美元的资金。

最近两年，伴随着俄罗斯东部发展战略的实施，俄罗斯面向亚太市场的能源开发取得了实质性进展。

对于能源出口国俄罗斯来说，虽然在较长时间内能源出口的重点仍会放在欧洲市场，但为保证能源出口市场的多元化，保证能源出口的安全性，俄罗斯增大对东北亚地区的能源战略转移。而且，近年来俄罗斯为应对美国的"重返亚洲"战略，也在将发展的重心向远东地区倾斜，实行东西方并重的全方位外交政策。而俄罗斯融入东亚地区经济最重要的优势和杠杆就是能源合作，俄罗斯势必会以东西伯利亚和远东地区丰富的能源为依托，借助中、日、韩三国的技术、资金和市场资源，通过联合开发油气资源并构建油气输送管线，来获取地缘经济政治上的优势和增加在东北亚地区的政治、经济影响力。当然在此过程中，俄罗斯也必然会利用东北亚各国之间的能源竞争来获取最大的经济以及政治上的利益，其利用远东地区全方位加强与中、日、韩合作的战略方向不会轻易改变。

俄罗斯在实施东部开发战略之后，在实现第一阶段的战略目标——提升俄罗斯在亚太地区的战略地位，重点开发油气水电等资源，带动东部地区发展方面，进展很快，特别是面向亚太市场的石油运输和出口的发展速度更是出乎预料。

自"东西伯利亚－太平洋"管线开通以来，每天都有从斯科沃罗季诺开来的石油罐车在装运石油。俄罗斯石油公司、苏尔古特石油公司、英俄石油公司、天然气工业－石油公司、巴什基里亚石油公司经过"东西伯利亚－太平洋"输油线路向亚太地区市场出口石油。据俄罗斯港口新闻处5月公布的数据，截至2010年5月12日，有50艘油轮经"东西伯利亚－太平洋"石油管道的石油港口科基米诺出口石油545.5万吨，完成年计划出口量的1/3。39%的石油运往韩国，20%运往日本，14%运往美国，11%运往中国，8%运往泰国，运往中国台湾和新加坡的石油各为4%。

2010年以来，俄罗斯天然气出口战略也发生了明显变化，注意力移向亚太市场，开发亚太市场的力度明显加大，俄罗斯东部开发的一个大型项目——"萨哈林－哈巴罗夫斯克－符拉迪沃斯托克"天然气运输管道建设于2011年竣工通气。由于欧洲进口俄罗斯天然气的减少（2009年俄罗斯天然气工业股份公司的天然气出口量减少了11.4%，为1400亿立方米），俄罗斯更加重视亚太市场。2011年2月，俄罗斯天然气工业股份公司总裁阿列克谢·米勒指出，向亚太各国出口天然气是俄罗斯天然气出口多样化的重要方向，对亚太的出口将来可以同对欧洲的出口相媲美。为此，俄罗斯天然气工业股份公司正在俄罗斯远东地区建设基础设施，为东部方向的天然气出口创造良好条件。在"萨哈林－哈巴罗夫斯克－符拉迪沃斯托克"天然气运输管道建设竣工后，2012年开始建设另一条管道"雅库特－哈巴罗夫斯克－符拉迪沃斯托克"天然气运输管道。同时，还要在滨海边疆区开设天然气液化气厂。公司计划，到2030年天然气销售额将达到每年7100亿～7650亿立方米，比2007～2008年的销量高峰多大约30%。公司预测，到2030年，中国的天然气需求量将增长一倍，达到3300亿立方米。

另外，俄罗斯开始调整天然气开发战略，积极采取措施确保面向亚太市场的天然气供应，加大了对东部地区投资开发的力度。2011年俄罗斯天然气工业股份公司在克拉斯诺亚尔斯克边疆区阿巴坎段开发出新气田。地质勘探工作在17个地段进行。在钻井试验过程中的天然气开采量为80余万立方米/天（每年可开采2.92亿立方米）。另外公司计划继续勘探并对新气田储气量进行评估。公司表示，"气田将在考虑未来向中国和亚太地区国家出口天然气的东西伯利亚和远东天然气统一开采、运输和供应系统的框架内进行开发"。

收购科维克塔气田。2010年俄罗斯自然资源部决定对科维克塔气田进行检查。俄罗斯媒体报道说，自然资源部的检查可能使秋明－英国石油公司（TNK－BP）失去在卢西亚石油公司的股份，而天然气工业股份公司可以从国家手中以更低的价格获得该气田。科维克塔气田是俄罗斯最大的天然气凝析田之一，储量约为2.1万亿立方米（C1＋C2）。目前的开采许可证属于秋明－英国石油公司的子公司卢西亚石油公司（持股62.8%）。此外，伊尔库茨克州政府持股10.78%，第三联合发电公司持股25%减一股。根据开发许可协议，该气田应每年开采 90 亿立方米天然气。但是，气田所在的伊尔库茨克州每年只需要 25 亿立方米天然气，由于缺乏对外运输的管道，2006 年秋明 – 英国石油公司对该气田的开采为 3000 万立方米天然气。俄罗斯自然资源利用监督局先前对气田进行过检查，虽然该公司没有遵守开发协议，当时并未吊销开发许可。俄罗斯媒体认为，检查是吊销开发许可的最好办法。该气田被列为战略性油气田后，政府可以不通过竞标将其直接交给天然气工业股份公司开发。

俄罗斯天然气工业股份公司未来几年最主要的三项投资中的两项与亚太市场有关。一项是新建和维修包括东部天然气管道在内的天然气管道（投资 3.7 万亿~3.9 万亿卢布）。另一项开发什托克曼气田（投资 1.4 万亿卢布）。什托克曼气田位于俄罗斯巴伦支海域大陆架中部，是世界上最大的气田之一，天然气和凝析油储量分别为 37000 亿立方米和 3100 多万吨。计划生产 950 亿立方米/年。什托克曼气田的股东是俄罗斯天然气工业股份公司（占股份的 51%）、法国道达尔公司（25%）和挪威国家石油公司（24%）。该项目计划于 2013 年开始开采天然气，2014 年开始生产液化气。由于市场情况的变化，这一期限有可能推迟到 2016~2017 年。什托克曼凝析气田项目运营商总裁尤里·科马罗夫 2010 年初表示，该项目生产的液化气将向亚太地区市场出口。

四　能源需求国能源政策的调整

对于中、日、韩等能源需求国来说，为维护本国的能源安全，单靠一国的能源战略是远远不够的，必须通过建立地区性的能源协作机制，才能最大限度地保证能源利用的安全性和稳定性。在地区能源协作方面，日本政府已经意识到日本的石油安全已经与亚洲国家的能源需求密不可分。为此，日本经产省在《2030 年能源供求展望》中提出，日本的能源安全战略必须以亚洲能源需求增长为出发点，日本应该同亚洲各国建立起长期的能源协作机制，促成日本的能源战略从"一国主义"向"地区主义"的转变。虽然日本认为中国是日本周边能源需求增长最快的需求大国，已对日本的能源需求构成巨大的竞争压力，但如果两大能源消费国之间的竞争过于激烈，在应对能源输出国集团压力时的选择空间就会很小，这不利于本国能源战略的执行。正是从这一角度出发，日本也积极主张与周边新兴能源消费大国达成某种形式的多边能源合作，以在应对能源供应国集团时形成合力。因此，日本在《新国家能源战略》中提出亚洲能源环境合作战略，以能源需求不断增加的中国、印度为重点，以节能为主要合作领域，并在煤炭有效利用及安全生产、新能源及核电等方面，积极与亚洲各国开展能源、环境合作，促进共同发展。目前，日本针对中国等新兴重要能源需求国家的能源外交活动，形式更偏重多边协调与合作。针对国际能源环境的变化，目前中日韩之间为缓解竞争与摩擦而进行的对话与合作也日益增多，在炼油、节能环保、新能源等方面进行了广泛的合作。

五　东北亚各国之间经济联系日益紧密

自 20 世纪 80 年代以来，东北亚主要国家之间的经济联系越来越密切，贸易依存度越来越高，彼此之间成为最重要的贸易伙伴，可以说，东北亚国家之间长期存在的潜在的互补优势已经开始转化为现实优势，贸易规模的日益增加和贸易结构的高级化就是其集中体现。中俄贸易驶入了快速发展的轨道，继 2000 年贸易额超过 80 亿美元后，2006 年又突破 300 亿美元，2011 年贸易总额达到 835 亿美元；2006 年，中日贸易额突破 2000 亿美元大关，2011 年更是达到 3449 亿美元，创历史新高，中国仍继续保持日本第一大贸易伙伴、最大出口市场和进口来源国的地位①；而日本和俄罗斯、韩国的贸易额分别突破 300 亿美元和 905 亿美元；中韩两国的双边贸易发展迅猛，自 1992 年建交以来，两国双边贸易额由 50 亿美元增加到 2011 年的 2139 亿美元。目前东北亚各国间的贸易依存度为 10.8%，特别是中、日、韩之间的贸易额从 1999 年的 1300 多亿美元增至 2011 年的 6900 多亿美元，中国连续多年成为日本、韩国最大的贸易伙伴，目前三国正在积极协商尽快启动中日韩自贸区谈判。同时，三国建立了涉及财政金融、交通物流、信息通信、海关合作、知识产权、标准计量等领域的对话合作机制。东北亚国家之间在地区经济发展上的相互依存关系，将使各国不得不寻求良性互动。这种互相依赖的局面促使东北亚各国积极寻求建立区域能源合作机制，通过合作确保周边能源供应稳定。

第二节　东北亚能源合作前景展望

俄罗斯将更加坚定地推动亚太战略。页岩气革命，与欧美矛盾升级以及东亚经济的发展，将促使东向战略在俄罗斯对外合作战略中的地位得到迅速提升。外部环境的变化使俄罗斯加强与东亚国家合作的需求变得十分迫切。不仅目前现有的远东开发战略能够得到尽快落实，新的政策和投资也将向远东和亚太地区倾斜。

能源战略是东向战略的重要组成部分。由于受到多种因素的制约，俄罗斯与亚洲国家的能源合作一直未能达到预期进展。东北亚区域能源领域的合作仍然进展缓慢，很多能源合作协议和计划无法尽快落实和推进。但东北亚区域能源合作有巨大的潜力，乌克兰事

---

① 相关贸易数据来源于联合国贸易与发展委员会数据库（UNCTAD, http://unctadstat.unctad.org）和《中国统计年鉴》。

件之后俄罗斯能源政策将有所调整，目前东北亚能源合作遇到了难得的战略机遇期，利用好眼前的契机，实现互利共赢的能源合作是未来相关各国努力的方向。

中国与俄罗斯能源合作将得到新的突破。在中俄能源合作持续的将近 20 年的时间里，中国投入了巨额资金，但中方能源公司仍没有在俄罗斯油气领域取得更大的进展。特别是近几年，中俄之间签署的从西西伯利亚、远东和萨哈林大陆架向中国出口天然气的协议，以及修建天然气管道的计划迟迟得不到落实，天然气合作处于僵持的状态。二者的分歧一方面在于价格，俄罗斯和中国希望的天然气价格标准存在大约 50 美元/千立方米的差距；另一方面，还源于俄罗斯对中国未来大量开采页岩气的担心。俄罗斯加大投入修建通往中国的天然气基础设施和管道后，如果中国未来大量开采页岩气，将无法保障从俄罗斯进口天然气的规模。但由于页岩气面临开采技术不过关、成本过高和环境污染方面的问题，其在中国的发展前景并不乐观，再加上目前俄罗斯对中国市场的迫切需求，中俄天然气合作将取得更快发展。2014 年 4 月，中俄开始商谈东线天然气价格问题，双方已初步达成协议，2014 年 5 月正式签署合作协议，双方将近 20 年的拉锯战取得突破。

日本和韩国与俄罗斯的能源合作将加快步伐。日本大地震和福岛核泄漏事故的发生，使日本核能发展战略受阻，日本对能源战略进行了调整。2012 年日本出台了"创新型能源和环境战略"，对未来能源发展方向进行指导。该战略强调未来需减少对核能的依赖，提高再生能源和清洁能源的利用，并争取实现能源的稳定供应。日本核事故导致本国核电发展减速，面对电力能源供应缺口，日本更加青睐利用清洁的天然气进行弥补，俄罗斯作为稳定的天然气供应国，与日本的合作将有所加强。日本一直参与俄罗斯萨哈林岛的

"萨哈林－1号"和"萨哈林－2号"两个油气开发项目，双方有良好的合作基础。日俄两国政治关系比较稳定，乌克兰危机发生时，日本对俄罗斯采取的制裁措施有限，因此面对日本迫切的需求，俄日双方都有意加快合作的步伐。韩国同样对俄罗斯天然气十分感兴趣，韩国一直希望加快两国的合作。

外部环境的压力和内部经济发展的需求会促进俄罗斯加快走向亚洲，但俄罗斯仍将力求稳定和多元化的能源需求市场，会一直利用中、日、韩等亚洲国家之间的竞争实现自身利益最大化。从长远看，俄罗斯远东资源储备充足，随着中、日、韩等亚洲市场重要性的日益突出，以及远东地区油气资源开采力度的加大和基础设施的完善，东北亚能源合作将被推向新的高度。

第三节 未来东北亚区域能源合作的具体领域

尽管目前东北亚区域的能源合作面临着多方面因素的制约，进展不尽如人意，但从长期来看还是有着极为广阔的发展前景，东北亚国家有望在以下领域开展能源合作。

一 制度性合作

目前，东北亚区域的能源合作还是由商界和学术界推动，通过"东北亚天然气管道国际会议"等论坛对各国关心的能源问题进行交流和探讨，而缺少官方的正式沟通协调机制。未来东北亚地区的能源合作，应着重建设多边能源政策合作的次区域组织或政府层面的机构，为共同应对能源及环境问题奠定政策合作的制度性基础。

对于东北亚各国来说，跨国能源合作所涉及的法律法规、政策及跨国投资与跨国运输协调等都还是新问题，区域合作组织的建立需要借鉴《能源宪章条约》的某些经验。能源宪章是一个成熟的多边合作机制，通过在贸易、投资、运输、提高能源利用率等领域加强政府间的对话和合作，以建立稳定的和可预测的投资环境，条约具有开放性、透明性和非歧视性。东北亚能源合作组织的建立应借鉴能源宪章相关的法律框架。

东北亚能源合作组织的建立可以以循序渐进的方式，先成立政府层次的东北亚能源合作工作委员会，定期组织高官会议工作组活动以及各种具体合作项目，推动建立东北亚能源合作实体和筹措资金，同时可以参照"欧洲煤钢共同体"和"欧洲原子能共同体"的成功经验，在长期中推动制定具有国际法约束力的《东北亚能源共同体宪章》，具体制定东北亚能源合作组织的宗旨、原则、成员资格及其权利与义务、组织结构、职权范围、活动程序、决议的履行方式及监督机制、贸易条款（包括国际市场、与贸易有关的投资措施、竞争政策、技术转让等）、投资的促进与保护条款、争端解决以及其他杂项条款等。

东北亚区域能源合作组织的宗旨和目标应该是促进东北亚地区周边国家在能源领域的长期合作，维护地区能源安全，为促进各成员国的经济增长、就业和生活水平的提高做出贡献，并以此推动东北亚区域一体化进程。

东北亚区域能源合作组织的各成员国应遵循以下原则。①互利原则。应从保障整个东北亚区域的能源安全出发，通过协调各成员国的能源政策，培育本地区石油供应方面的自给能力，通过组织成员间的长期合作以减少对外部石油进口的依赖，共同建立区域石油战略储备和应急机制，构建石油期货等市场机制和能源产品过境运输通道等，来维护组织成员的共同利益。②互补性原则。应充分利用各成员国在能源领域的各自优势，优势互补，实现多方共赢的局面。例如可以共同研究制定税收优惠政策以提升节能效率，制订本地区统一的油气发展计划，合作开发利用可再生能源资源，共同建立新能源技术的研发与应用项目，协同发展民用核电和核电安全技术等。③平等合作原则。要求各成员国需在公平、自愿的基础上在能源领域展开广泛合作，例如共同建立能源市场数据共享平台和能源交易协商制度，以组织的名义发展与产油国组织和其他石油消费国的关系，共同保护国际能源运输航线的安全等。④开放的区域主义原则。成员资格是开放的，并不局限于东北亚各国，可以招收其他条件成熟的非本地区国家，最终通过能源共同体的示范作用来促进东北亚区域一体化。

"东北亚能源共同体"合作的具体内容应当包括：区域统一的石油储备和应急反应机制，区域石油期货市场，石油过境运输优惠机制，区域内统一的节能税收优惠措施，区域性液化天然气开发计划，共同合作开发利用可再生新能源，共同保障国际能源运输航线的安全以及环保领域的合作，建立"东北亚能源合作论坛"和东北亚能源信息共享机制等。

二 在油气、电力等领域的合作

目前东北亚区域内成员国之间的油气贸易量十分有限，区域内能源交易的发展空间还很大，如果能形成东北亚区域能源自由贸易区，则会给区域内的能源输出国和进口国都带来明显的收益。例如，俄罗斯虽然是能源出口大国，但是其石油精炼能力不足，使得其能源出口大都是以原油的形式简单输出。而东北亚区域内的日韩两国具有先进的石油精炼技术和充足的生产能力。俄罗斯的石油如果能经过日韩两国的深加工，可以获得更高的附加值。但由于石油与天然气属于不可再生能源，大多数石油输出国组织对能源产品出口征收高昂的出口关税。而且随着世界能源价格的不断攀升，能源出口关税也在不断提高。针对这一情形，通过整合东北亚能源市场，促使各成员国逐步降低能源产品的进口和出口关税，最终形成能源产品的自由贸易区，可以充分利用成员国的资源和技术优势，形成优势互补，形成能源产品生产上下游资源的深度整合，可以带来本地区能源产业的持续繁荣。

另外，东北亚的中日韩等国均是石油进口大国，为应对可能的能源紧缺，各国都已建立了自己的石油应急储备体系，但这种石油储备只局限于一国之内，而且中国目前还不是国际能源署（IEA）的正式成员，只有日本和韩国两国是 IEA 成员。中国刚刚建立石油战略储备制度，目前正着手建设石油储备基地。各国在石油储备上的各自为政，导致了整个石油储备规模偏小，应对可能的能源危机的弹性不足。因此，有必要整合各国的石油储备资源，提高各国之间的沟通和协调，最终形成统一的地区性石油储备机制。具体实施上，可以充分利用靠近俄罗斯、中亚等能源主产地的地缘优势，同时借鉴日韩两国相对成熟的石油储备经验，通过人才、技术和基础设施的共享，建立东北亚区域性能源共同储备机制。各国首先需要成立一个统一的石油储备机构，共同制定储备规则和相关法律，对石油储备进行共同投资、管理、运营。储备基地可以选在海上或国境线附近。而且从长远来看，也可以吸引 OPEC 等产油国组织在东北亚地区建设原油中转储存设施。

整合东北亚电力市场。俄罗斯拥有欧洲最大、世界第四大电力系统，特别是俄西伯利亚和远东地区由于拥有丰富的燃料动力资源，俄大型的火电站和水电站大多集中在这一地区。东北亚各国可以在电力贸易、特高压输电技术、电网建设等领域加强与俄罗斯的合作，推动东北亚电力投资和贸易的发展。现在只有俄罗斯、中国和蒙古国之间有电网连接，未来较具潜力的跨国电网连接有俄罗斯－日本、俄罗斯－中国－韩国、俄罗斯远东西伯利亚－蒙古国－中国、俄罗斯远东－朝鲜－韩国。在建设东北亚电力市场过程中，需要各国之间加强相互沟通和协调工作，建立电力信息共享机制，使电力开发与市场需求对接，并通过签订电力合作框架协议和长期合作协议，对电力合作中出现的问题共同协商，共同制定解决方案和措施，保障区域电力能源安全。

为了实现东北亚能源市场自由化和一体化的目标，需要做出规划，制定措施，建立和完善东北亚能源交易所，建立和推广东北亚区域的能源期货商品，从而争取在国际能源市场中获得一定的定价权，最终形成覆盖整个东北亚地区的统一的能源大市场。

三 在节能、新能源开发、环境保护等方面的合作

日本和韩国多年来坚持节能，在相关问题上法律完备、技术先进，积累了相当多的经验。而中国等发展中国家节能技术等方面的要求与这些国家的低水平状况形成尖锐的对比。如果将日本和韩国的经验与中国等区域内国家分享，帮助发展中国家进行节能技术革新，可以减轻区域能源危机压力。目前双方在这方面已经有了很好的成功案例，例如中日之间的节能培训项目、日本利用 ODA 贷款支持中国发展节能技术项目等。

在新能源的开发、利用上也有很大的合作空间。日本通过启动"阳光计划"和"新阳光计划"加快了对可再生能源技术的开发利用，包括风能、太阳能、温差发电、生物能和地热利用技术等，其中太阳能技术已经进入到大规模利用阶段。同时，日本还在积极开展利用潮汐、波浪和垃圾等发电的前沿技术的研究工作。中国具备

丰富的风能、太阳能储备，但目前利用效率还比较低，因此中国可以充分利用这一契机向日本学习新能源的开发和利用技术，可以借鉴日本的成熟经验。通过开发和利用新能源技术可以降低各国对石油、天然气等传统能源的依赖，可以避免东北亚各国在能源消费上的竞争。

碳减排和环境保护也是东北亚各国开展能源合作的重要平台。根据《哥本哈根协议》，作为发达国家的日本和韩国在温室气体减排上承担的义务较重，东北亚各国之间可以就碳排放指标展开互补交易。中国作为发展中国家碳减排压力相对较小，而且《京都议定书》规定发达国家可以通过帮助发展中国家实施减排项目，来完成自己所担负的减排指标。据不完全统计，发达国家的减排成本往往要比发展中国家高 5 ~ 20 倍。东北亚区域内的日韩发达国家可以帮助中国建设减排项目，通过向中国提供资金、技术，提高中国能源利用效率和可持续发展能力，来完成《京都议定书》规定的减排义务，这往往要比其在国内完成同样的减排指标节省更大的成本。这也将成为中日韩区域能源合作的新途径。

四　在能源运输方面的合作

中、日、韩等东北亚国家能源进口的运输路径比较单一，一般是利用海运的方式进口石油，并且运输路线也极为固定和单一。中、日、韩三国 85% 左右的石油进口，都要途经马六甲海峡。因此相关海域的畅通对于东北亚国家的能源安全具有重要意义。中、日、韩必须密切协作保障马六甲海峡的安全，而且这种协作还可以扩展到整个亚太地区，与美国和俄罗斯等军事强国共同维护国际航道的安全。这方面，美国和俄罗斯能够为海运船只和沿岸港口提供卫星定位、海上警报与船舶追踪系统等先进的技术支持。

相比之下，中、日、韩等国在军事技术等方面无力独自承担安全警卫责任，因而更需要东北亚各国统一协调资源，加强与相关国家的密切合作，并通过多边安全合作机制，打击国际恐怖势力在马六甲海峡以及整个东南亚地区的扩散。各方也可以利用各自优势，寻找互惠互利的合作方案，加强海洋战略协调，共同派出军队打击海盗和恐怖分子。

为维护能源运输的安全，中、日、韩各国除了加强在马六甲海峡的安全协作，还可以跳出马六甲，开辟新的能源运输航道，通过多元化的能源供应和能源运输通道来分散风险。目前可供东北亚国家选择的新航道主要有三条。第一条新航道是泰国计划建设开凿的克拉地峡运河，建成后大型油轮可绕过马六甲海峡，直接从安达曼海进入泰国湾。这样，航程可以缩短700英里，大型油轮的单程运输成本可以节约18万英镑左右。但这项工程投资规模预计高达250亿美元，泰国政府一直在争取引入外资合建，东亚的中国和日本都对这个项目表示了浓厚的投资兴趣。另外，在泰国克拉地峡运河的修建问题上，中日两国要避免在俄罗斯输油管线建设上的教训，应通过协作来避免两败俱伤的无益竞争。第二条新航道是中缅输油管线，它可以直接打通中国与中东产油区的直连通道——中东石油通过印度洋后由缅甸直通中国云南，不仅可以避免目前中国石油运输过分依赖马六甲海峡的潜在风险，而且可以避开太平洋周边不稳定的地区。第三条新航道是中哈管线建设，中国已经与哈萨克斯坦签订了在油气领域开展全面合作的框架协议，合作的重点是共同铺设一条西起哈萨克斯坦西部的阿特劳、东至中国新疆的阿拉山口，全长3088千米的输油管道。建成的中哈管线，可以直接向中国和其他东亚国家输送哈萨克斯坦、土库曼斯坦等中亚地区的石油资源，而且也是俄罗斯向东亚供油的重要运输线路。

五　在能源融资体系方面的合作

能源是资本密集型行业，能源生产和供应能力扩大需要大量投资。充裕的资金是整合能源价值链的上游和下游产业的必要条件。同时，能源产业投资具有战略性、长期性和持续性的特征，极易受当地政治、经济环境的影响，相对风险较高，这就要求能源投资的合作融资体系的建设必须构建在高度的政治互信、较好的安全保障框架基础之上。针对这种情况，东北亚各国在能源投资合作上，可以考虑组建东北亚地区能源开发银行，通过多种形式吸引各国社会和政府投资，以投资为纽带将能源合作各方的利益牢固地联系起来。

六　能源信息交流平台建设

向市场提供准确及时的信息能够增加市场透明度，从而把握适当的供需平衡，抑制过度的能源价格波动。供需基本经济指标的信息共享十分重要。目前东北亚国家积极参与以国际能源论坛（IEF）为核心，联合国统计处（UNSD）、亚太经合组织（APEC）、国际能源署（IEA）、石油输出国组织（OPEC）等机构组成的联合石油数据库（JODI）。2010 年 3 月，在坎昆举行的国际能源论坛（IEF）部长级会议上，各方就收集石油供需数据、天然气供需数据、扩充石油天然气上游开发计划及下游炼油能力计划所需的相关数据，努力实现联合石油数据库的正式运用达成了一致。2010 年 11 月，在首尔召开的 G20 峰会及 2011 年 2 月在利雅得召开的国际能源论坛特别部长级会议上，各方力求进一步完善数据，确定 2011 年底进一步提高品质，加强时效性、可信性的方针。可以看出，在东北亚成员国组建石油、天然气、煤炭和可再生能源的联合能源数据库是未来合作的主要方向。

第四节 中国的对策

一 以互利双赢为原则加强与各国政府间的协调和磋商

近来中国经济的迅猛发展和国力的提高，已经引起周边国家对中国扩张的担心，这不利于中国在地区内开展经济合作。因此，在地区能源合作中，中国首先要以互利和双赢为原则，通过能源合作带动政治、经济、外交、军事、人文等多方面的全面地区协作，通过在东北亚地区推进睦邻、富邻、安邻的和平能源外交，化解周边各国对中国崛起的防范心理。多进行沟通和交流，削除各国心目中的中国是东北亚地区潜在的最大地缘政治威胁的疑虑，争取在政府层面建立政治互信，全方位地开展能源合作。

目前新形势对加深中俄能源合作是良好的契机，消除两国障碍因素，提高互信，通过建立成熟的谈判机制，不断加强沟通。我们需要认识到，加快中俄能源合作是两国深层次战略发展所需要的，是双方共同努力的目标，目前的新形势只是加剧了合作的迫切性。中俄两国在能源资源共同投资开发、油气深加工、新能源新技术合作研发等领域都有深化合作的空间，只要本着互利双赢的原则，两国有望建立上下游一体化的全方位的能源合作体系。中国在开展对俄罗斯的能源外交中，要针对俄罗斯政府能源领域的国有化、由国家掌控能源生产及出口的控制权等趋势，由中国政府出面，建立中俄政府间关于能源合作的高层对话机制，与俄方政府共同拟定中俄能源合作中长期战略。同时加强与俄相关主管部门的交流与合作，强化与有政府背景的能源机构和能源公司的合作。中国企业层面的合作要有整体规划，从简单的石油贸易上升到能源产业的多方面合作，并引入多种合资合作方式以分担能源产业的高风险。对于战略性长期投资，可以由双方政府出面协商，建立定期的政府间能源高层协商机制，确保中俄能源合作中长期战略的有效执行。对于现阶段中俄能源合作存在的一些敏感性争议问题，例如在石油管道铺设问题上的争议、能源安全上的分歧等战略性问题，应该加强与俄罗斯相关主管部门的交流与合作，建立起产业部门层面的能源合作协调沟通机制，加强信息交流与共享，及时发现新问题、解决新问题，这样才能提升合作层次，加大合作力度。

我国在处理与日本的能源竞争关系时，应该通过积极的能源外交加强政府间磋商，以避免发生冲突或恶性竞争，共同走向合作或竞争下的合作，而不是把能源问题作为牵制其他国家发展的手段。在远东能源开发中，俄罗斯视中国为战略伙伴，视日本为重要客户，视亚太地区为战略利益区。为此，俄罗斯在与我国合作过程中并不排除日本的加入，以便在中日竞争中获取更多利益，这使得俄、中、日之间的能源合作形势复杂化。但 20 世纪国际石油格局的变化和调整，以及大国能源政策演进的历史表明，合作将是 21 世纪世界石油领域发展的主要趋势。中日关系受历史问题的困扰一直不能顺利开展，但历史问题毕竟不是中日关系的全部，在能源问题上必须加强与日本的对话，为我国社会经济发展确定一个长期良好的和平环境。

中韩两国在地缘政治方面没有明显的对抗面，中韩两国的能源合作不存在明显的障碍，在外交平衡政策、和平共处和共同从事地区经济开发方面容易达成一致。即使存在一些不利因素也不会影响大局，可通过能源外交与合作进一步转化为有利因素。

中国还需要与美国建立长期稳定的外交关系。现在美方不少官员和学者认识到，与中国合作有利于建立良好的国际能源秩序。在美国经济和安全评估委员会报告中，一方面将中国视为威胁，另一方面不得不承认，"将中国纳入国际能源体系有助于控制石油价格，防止石油危机"。因此，我国在不发生涉及核心利益的重大外交或领土争端事件的前提下，可以尽力避免与美国发生正面的战略冲突。

总之，只有在地缘政治上共建友好、睦邻与互利合作的和平地带，才能使能源合作真正成为保障本地区政治安全、促进经济发展的可靠基础。

二　中国政府应加大对能源企业对外合作的支持力度

为保障中国的能源安全，政府应该鼓励能源企业积极进行对外合作，通过政策、资金的支持为我国大型能源企业的海外并购和投资做好服务工作，增强企业抵御境外政治、经济风险的能力。

可以建立能源企业境外投资风险管理基金，为企业提供风险管理和资金支持。能源投资的前期勘探项目往往投资大、风险高，会限制企业的投资积极性，因此通过能源基金的勘探专项资金支持和补偿，可以扩展企业的投资范围。另外，由于能源产业往往是一国重要的经济命脉，国家政治局面的不稳往往会导致该国能源产业政策的巨变，这会给我国企业的投资带来巨大的风险，并且这种风险存在着高度的不确定性，一般的保险公司都不予担保。因此需要由政府出面对海外能源投资给予风险管理的支持。这方面可以借鉴发达国家的成熟经验，通过建立海外风险勘探基金，为国内企业在境外开拓能源市场提供风险保障。另外还应该进一步发挥出口信用保险的作用，为具有战略意义的境外能源投资项目提供风险控制和短期融资的服务，以弥补商业性保险和贷款的不足。

三　建立和完善国际能源市场信息系统

目前，有关国际能源市场的信息的不完善，尤其是一些新兴能源市场投资信息数据的匮乏，已经严重制约了我国企业对新兴能源市场的开拓步伐。因此，应该加强对海外能源市场的信息收集和发展趋势的预测研究，有针对性地加强对中亚和非洲新兴能源市场信息的收集、整理和共享。另外也需要对海外市场的宏观和微观经济环境以及社会政治情况进行跟踪监测，构建一个综合性的国际能源产业投资数据库，搜集整理海外能源市场的基本统计信息，并通过可靠的信息传播机构和渠道，为海外投资企业提供投资所在地的能源结构、市场结构、投资政策和相关法律法规等信息，实现信息资源共享。

四 尽快完善海外投资的相关法律法规体系

目前我国对企业海外投资的审批和管理，由多个不同部门分别执行，这种多头管理造成了海外投资项目的审批环节过多、效率不高。为促进能源企业的海外投资，需要加快海外投资审批制度的根本性改革，减少审批层次，简化审批环节，规范审批流程，为企业的海外投资创造公平、公正和公开的投资机制和环境。另外，国资委等国有能源企业的管理机构也应该与对外经合部门紧密合作，赋予国有能源企业更大的境外投资自主权，使政府的宏观指导和企业的审慎决策有机结合起来。

参考文献

阿木提、张胜望：《石油与国家安全》，新疆人民出版社，2003。

安维华、钱雪梅：《海湾石油新论》，社会科学文献出版社，2000。

〔美〕埃克诺米迪斯、奥利格尼：《石油的色彩——世界最大产业的历史、金钱和政治》，刘振武等译，石油工业出版社，2002。

白泽生、杨志：《石油：世界与中国——走向国际化经营的中国石油工业》，石油工业出版社，1996。

〔日〕柴田明夫：《原油与资源价格高涨改变世界力量均衡》，《日本经济学人》2006年第10期。

陈淮：《我国能源结构的战略调整与国际化对策》，《经济问题》2000年第7期。

陈清泰：《国家能源战略的基本构想》，《中国经济时报》2003年11月10日。

陈悠久：《石油输出国组织与世界经济》，石油工业出版社，1998。

陈元：《能源安全与能源发展战略研究》，中国财政经济出版社，2007。

〔美〕戴维·A.迪斯、约瑟夫·S.奈伊编《能源和安全》，上海译文出版社，1984。

刁秀华：《中俄两国的能源安全与合作》，《东北亚论坛》2007年第6期。

单卫国：《欧佩克对油价的影响力及其政策取向》，《国际石油经济》2000年第1期。

杜颖：《中日俄三国能源合作的入轨与偏离》，《西伯利亚研究》2006年第12期。

付瑞红：《日本能源安全的体制保障对中国能源管理体制改革的启示》，《日本问题研究》2009年第2期。

冯连勇、郑宇：《中俄石油管线与能源合作问题的博弈分析》，《俄罗斯中亚东欧研究》2004年第4期。

冯昭奎：《要么双赢，要么双输：谈谈中日能源合作》，《世界知识》2004年第13期。

〔俄〕戈卢莫夫：《俄罗斯联邦矿物原料综合体的出口能力》，《对外贸易》2000年第5～6期合刊。

管清友、何帆：《中国的能源安全与国际能源合作》，《世界经济与政治》2007年第11期。

管清友：《石油的逻辑》，清华大学出版社，2010。

过启渊、吕秋凉：《世界能源经济》，重庆出版社，1988。

国际能源署世界能源展望编写组：《2007年世界能源展望》，http∥www.iea.org/textbase/about/copyright.asp，2008。

韩景城：《中国能源消费结构优化问题》，《中国能源》2002年第6期。

韩立华：《能源博弈大战》，新世界出版社，2008。

胡利明：《加强我国石油安全保障体系》，《中国能源》2000年第5期。

〔美〕基欧汉：《霸权之后——世界政治经济中的合作与纷争》，

苏长和等译，上海人民出版社，2006。

江红：《为石油而战——美国石油霸权的历史透析》，东方出版社，2002。

〔美〕克莱尔：《资源战争：全球冲突的新场景》，童新耕等译，上海译文出版社，2003。

郎一环、王礼茂：《俄罗斯能源地缘政治战略及中俄能源合作前景》，《资源科学》2007年第5期。

李少琳、徐晋：《中日东亚能源博弈分析》，《东岳论丛》2009年第7期。

刘长明、邹登礼：《中国石油市场的战略构想》，经济科学出版社，1998。

刘桂玲：《俄罗斯对亚太地区能源政策的调整及特点》，《亚非纵横》2009年第6期。

刘明：《国际石油价格的变化趋势及其影响》，《国际经济评论》2000年第2期。

刘明：《美国、日本和欧盟国家的石油政策及其能源战略》，《中国能源》2001年第8期。

刘明：《国际石油市场的回顾与展望》，《世界经济》2002年第3期。

刘山：《我国的能源结构调整与能源安全》，《国际技术经济研究》2002年第2期。

陆南泉：《中俄能源合作态势论析》，《黑龙江社会科学》2010年第1期。

罗强、王成善：《中国的能源问题与可持续发展》，石油工业出版社，2001。

马维野、王志强、黄昌利：《我国能源安全的若干问题及对策思考》，《国际技术经济研究》2001 年第 4 期。

〔日〕毛里和子：《中日关系——从战后走向新时代》，徐显芬译，社会科学文献出版社，2009。

倪建平、林伯强：《中国能源需求的经济计量分析》，《统计研究》2001 年第 10 期。

倪建平：《俄罗斯能源战略与东北亚能源安全合作：地区公共产品的视角》，《黑龙江社会科学》2011 年第 1 期。

倪立、吴方：《日本石油储备的立法和运作综述》，《世界石油工业》2001 年第 8 期。

潘光：《上海合作组织与中国的海外能源发展战略》，《世界经济研究》2005 年第 7 期。

齐高贷、马运堂：《中东局势与能源危机——欧佩克 30 年的发展和政策》，经济管理出版社，1991。

戚文海：《中俄能源合作——战略与对策》，社会科学文献出版社，2006。

钱伯章、高浩：《中国石油石化工业资源与需求的竞争能力分析》，《石油化工技术经济》2002 年第 2 期。

〔俄〕日兹宁：《国际能源、政治与外交》，强晓云主译，华东师范大学出版社，2005。

〔俄〕日兹宁：《俄罗斯能源外交》，王海运、石泽译，人民出版社，2006。

〔俄〕萨涅耶夫：《俄罗斯与东北亚国家的能源合作：前提、方向和问题》，《西伯利亚研究》2005 年第 5 期。

上海社会科学院世界经济与政治研究院：《能源政治与世界经济新走向》，时事出版社，2010。

沈镭、成升魁：《论国家资源安全及其保障战略》，《自然资源学报》2002 年第 4 期。

石瑛:《能源价格》,浙江大学出版社,1992。

宋魁:《跨世纪中俄资源合作》,哈尔滨出版社,2000。

孙斌:《中日能源博弈中的竞争与合作》,《国际经贸》2007 年第 517 期。

孙霞:《权力与规范——东北亚能源安全合作》,世界知识出版社,2010。

〔日〕田中明彦:《日中关系 1945～1990》,东京大学出版社,1991。

王浩、郭晓立、罗芳:《东北亚区域能源安全现状与对策》,《经济纵横》2005 年第 12 期。

王和平:《主要发达国家石油政策》,《中国能源》2002 年第 5 期。

王丰、刘洪义:《石油资源战》,中国物资出版社,2003。

王家诚、赵志林:《中国能源发展报告》,中国计量出版社,2002。

王世才:《俄韩朝三国能源合作与我国的能源安全》,《西伯利亚研究》2006 年第 2 期。

王伟军:《试析日本的国际能源战略》,《世界经济研究》2006 年第 3 期。

王伟军:《日本对中东能源政策的调整及其走势》,《当代亚太》2007 年第 3 期。

伍福佐:《中日能源竞争与合作之结构现实主义诠释》,《国际论坛》2005 年第 5 期。

伍福佐:《亚洲能源消费国间的能源竞争与合作》,上海人民出版社,2010。

吴昊、李宁：《中、日、韩能源安全关系：竞争敌手还是合作伙伴》，《吉林大学社会科学学报》2009年第5期。

吴磊：《中国石油安全》，中国社会科学出版社，2003。

夏义善、刘立德：《中国能源战略和能源外交》，中国国际问题研究所，2001。

徐向梅：《东北亚能源安全形势与多边能源合作》，《国际石油经济》2004年第12期。

徐小杰：《新世纪的油气地缘政治——中国面临的机遇与挑战》，社会科学文献出版社，1998。

薛君度、陆南泉：《俄罗斯西伯利亚与远东——国际政治经济关系的发展》，世界知识出版社，2002。

薛艳春：《俄石油管线走向变化与中日俄三国能源合作》，《西伯利亚研究》2007年第8期。

杨中强：《中国石油安全及其中东石油战略》，《世界经济研究》2001年第1期。

叶东峰、田大地：《90年代的世界石油市场》，石油工业出版社，1991。

〔美〕耶金：《石油、金钱、权力》，新华出版社，1991。

〔美〕耶金：《石油风云》，上海市政协翻译组译，上海译文出版社，1992。

叶静亚：《二战后日本能源安全政策演变分析》，《特区经济》2011年第12期。

袁新华：《俄罗斯的能源战略与外交》，上海人民出版社，2007。

张文木：《中国新世纪安全战略》，山东人民出版社，2000。

赵宏图：《全球能源安全对话与合作》，《现代国际关系》2006年第5期。

郑羽、庞昌伟:《俄罗斯能源外交与中俄油气合作》,世界知识出版社,2003。

周大地:《在改革开放中保障石油供应安全》,《中国能源》2001 年第 3 期。

周大地:《中国能源问题》,新世界出版社,2006。

周凤起、周大地:《中国中长期能源战略》,中国计划出版社,1999。

周延丽、王兵银:《中俄能源合作形势分析》,《西伯利亚研究》2009 年第 6 期。

中国科学院国情分析研究小组:《两种资源、两个市场——构建中国资源安全保障体系研究》,天津人民出版社,2001。

中国现代国际关系研究院经济安全研究中心:《全球能源大棋局》,时事出版社,2005。

中国能源发展战略与政策研究课题组:《中国能源发展战略与政策研究》,经济科学出版社,2004。

祝小兵:《浅谈建立我国石油安全战略体系》,《世界经济研究》2004 年第 3 期。

朱显平:《中俄能源合作及对东北亚区域经济的影响》,《东北亚论坛》2004 年第 1 期。

朱显平、李天籽:《东北亚区域能源合作研究》,吉林出版社,2006。

钻石社:《能源争夺战的爆发》,日本钻石社,2008。

左太行:《建立开放、竞争、有序的中国石油市场》,《中国能源》2001 年第 3 期。

Alexander Wendt, *Social Theory of International Politics*, Peking University Press, 2005.

Abraham, If OPEC Members Are Cheating, Why Have Oil Prices Been Rising? *World Oil*, *22* (4), 2000.

Barnett, Doaka, *China's Economy in Global Perspective*, the Brooking Institution, 1981.

BP Statistical Review of World Energy, http: //www. BP. com.

Busby, Rebecca, *International Petroleum Encyclopedia*, PennWell Corp. , 2003.

Boyd, G. A. , Hanson, D. A. and T. Sterner, Decomposition of Changes in Energy Intensity: Acomparison of the Divisia Index and Other Methods, *Energy Economics*, 10, 1994.

CrÈMe Jacques and Salehi – Isfahani, A Theory of Competitive Pricing in the Oil Market: What Does OPEC Really Do? *CARESS Worring Paper 80 – 4*, Univedrsity of Pennsylvania, 1980.

Edward H. Carr, *The Twenty Years' Crisis: 1919 – 1939*, Palgrave Macmillan, 2011.

E. R. Berndt and D. O. Wood, Technology, Prices, and the Derived Demand for Energy, *Review of Economics & Statistics*, 57 (3), 1975.

Fesharki, Fereidum, Meeting the Future Energy Requirement of the Asia – Pacific Region , *OPEC Bulletin*, 1996.

Fawcett, Louise, Andrew Hurrel, *Regionalism in World Politics: Regional Organization and International*, Oxford University Press, 1997.

Hamilton, J. , *Oil and the Macroeconomy Since World War* II. J. Polit. Econ. 1983, 91.

Hamilton, J. , *What Is an Oil Shock?* NBER Working Paper, No. 7755, 2000.

H. W. Maull, *Raw Materials, Energy and Western Security*, the MacMilllan Press, 1984.

International Energy Agency, IEA World Energy Outlook 2007: *China and India Insights*, *International Energy Agency*, 2007.

Johansen, S., Juselius, K., Maximum Likelihood Estimation and Inference on Cointegration: with applications to the Demand for Money, *Oxford Bulletin of Economics and Statistics*, 52 (2), 1990.

Morgenthau Revisedby Kenneth W. Thompson, *Politics Among Nations*: *the Struggle for Power and Press*, Peking University Press, 2005.

Mamdouh G. Salameh, Quest for Middle East Oil: the United States Versus China Scenario, *International Association for Energy Economics North American Conference Proceedings*, 1996.

Analysis on Natural Gas Market, Resouce, and Pipeline in Northeast Asia, *Northeast Asian Gas & Pipeline Forum*, 2004.

Peter C. Evans, *Brookings Foreign Poling Studies Energy Security Series*: *Japan*, 2006.

Rawski, T. G. What's Happening to China's GDP Statistics?, *China Economic Review*, 12 (4), 2001.

Sekiyu Gakkai. Journal of the Japan Petroleum Institute Japan Petroleum Institute. Tokyo: Japan Petroleum Institute, 2002.

Sinton, J. E. and M. D. Levine, Changing Energy Intensity in Chinese Industry: the Relative Importance of Structural Shift and Intensity Change, *Energy Policy*, 1994 (22).

图书在版编目(CIP)数据

东北亚区域能源安全与能源合作 / 李天籽, 李霞著. 一北京:
社会科学文献出版社, 2014.8
  (东北亚研究丛书)
  ISBN 978 - 7 - 5097 - 6304 - 9

  I.①东… II.①李… ②李… III.①能源 - 国家安全 - 研究 -
东亚 ②能源经济 - 国际合作 - 研究 - 东亚 IV.①F431.062

  中国版本图书馆 CIP 数据核字(2014)第 171504 号

· 东北亚研究丛书 ·
东北亚区域能源安全与能源合作

著   者 / 李天籽 李 霞

出 版 人 / 谢寿光
项目统筹 / 恽 薇 高 雁
责任编辑 / 林 尧 杨丽霞

出   版 / 社会科学文献出版社 · 经济与管理出版中心(010)59367226
           地址:北京市北三环中路甲 29 号院华龙大厦 邮编:100029
           网址:www. ssap. com. cn
发   行 / 市场营销中心(010)59367081   59367090
           读者服务中心(010)59367028
印   装 / 三河市尚艺印装有限公司

规   格 / 开 本:787mm × 1092mm   1/16
           印 张:13 字 数:168 千字
版   次 / 2014 年 8 月第 1 版   2014 年 8 月第 1 次印刷
书   号 / ISBN 978 - 7 - 5097 - 6304 - 9
定   价 / 59.00 元